singular

FERNANDO PITTARO
MARTÍN SZULMAN
LA ERA DE
LA CRUELDAD

El discurso político contra la política

siglo veintiuno
editores

archipiélago
siglo veintiuno

españa
siglo xxi editores
www.sigloxxieditores.com
travesía bellver, 2, 28039, madrid

argentina
siglo xxi editores
www.sigloxxieditores.com.ar
guatemala 4824, c1425bup, buenos aires

méxico
siglo xxi editores
www.sigloxxieditores.com.mx
cerro del agua 248, coyoacán, 04310, ciudad de méxico

© 2025, Siglo XXI de España Editores, S.A.
Travesía Bellver, 2 - 28039 Madrid
Tel (34) 676 22 28 70
editorial@sigloxxieditores.com
www.sigloxxieditores.com

Diseño de cubierta e interior: Sebastián Sánchez Yáñez
Corrección: Gonzalo Rute

1ª edición en España: septiembre de 2025

ISBN: 978-84-323-2156-6
Depósito legal: M-16926-2025

Impreso en España. *Printed in Spain.*

Índice

Prefacio
¡Hay un caballo suelto en el hospital!   11

1. Sin relato no hay paraíso   13
Un reloj de arena arriba de una montaña rusa   13
Ideas, claves y mitos sobre las narraciones políticas   20
El discurso político hoy: gritos, promesas y emociones   27
La era de la crueldad   37
Desunidos y polarizados: redes sociales,
burbujas ideológicas y sesgos de confirmación   47

2. La insoportable levedad del lenguaje político   57
Anatomía de un sentimiento: ¿de qué están hechos
los discursos políticos que amamos u odiamos?   57
De la crisis a las crisis   66
Framing: resignificación y apropiación del lenguaje   86

**3. La literatura como materia prima
de las narrativas políticas**   109
La ficción como aliada de las narraciones políticas   109
Lo personal es político: el recurso biográfico
en el discurso político   112
La trastienda del poder: qué hay detrás del lenguaje
que construye las narraciones políticas   118

La psicología del poder   123
La figura del *ghostwriter* o cómo esculpir la palabra
en la era de la inmediatez   128

4. El mapa del nuevo relato político   **133**
El pragmatismo de los duros   133
La izquierda y el museo de la revolución   143
El pragmatismo de los progres   149
La indeterminación de los moderados y la tentación ultra   156

5. Ideas para salir del laberinto   **173**
Qué liderazgos para qué narraciones   173
¿Tiene «el centro» la llave para salir del laberinto?   180

Las voces que dieron forma a este libro   **188**

Agradecimientos   **189**

Bibliografía   **191**

A mis viejos, por dejarme volar.
A mis amigos, por estar siempre.
A Violeta, por las lecciones de vértigo.

FP

A mis padres, porque nadie llega solo.
A la memoria de mi abuelo Miguel.
Y a su historia, que también es mía.

MS

.

¡Hay un caballo suelto en el hospital!

Me fascina la idea de la civilización como una fina capa de hielo que descansa sobre un profundo océano de oscuridad y caos.

Werner Herzog

Hay un caballo suelto en el hospital. Nadie sabe lo que puede hacer, pero la realidad es que hay un caballo suelto en un hospital. A veces se queda quieto en un rincón. Otras veces galopa sin cesar y se lleva puesto todo a su paso. Relincha. Muestra los dientes. Hace sus necesidades en el pasillo. Es un caballo. Y está dentro de un hospital. Aún no entró al quirófano, pero se pasea por la sala de espera como si estuviera en un club hípico. Silencio. Gritos. Desesperación. Estupefacción. Calma. De nuevo silencio. En un momento dado, el caballo aprende a usar el ascensor y para algunos pacientes se transforma en alguien amable y simpático. Incluso hay quienes se lo llevarían a su casa como mascota.

Las cadenas de televisión buscan a expertos que analicen el fenómeno y averigüen qué hacer ante semejante situación. Pero no los encuentran, porque sencillamente no existen: nunca nadie vio a un caballo en un hospital.

Con esta fábula, ligeramente modificada, el comediante norteamericano John Mulaney parodiaba en un video de cuatro minutos al gobierno de Donald Trump en uno de sus populares monólogos de 2019.

En dicho episodio, incluido en un especial de Netflix llamado *Kid Gorgeous at Radio City,* Mulaney vaticinaba:

«Al final todo saldrá bien, pero no tengo idea qué va a ser lo próximo que pase. […] No ha ocurrido nunca, nadie sabe qué será lo próximo que haga el caballo. Y el caballo tampoco lo sabe. Nunca ha estado en un hospital. Está tan confundido como tú».

Cinco años después de la publicación de este video, Donald Trump volvió a ser elegido presidente de Estados Unidos con más de 77 millones de votos. Cuando nos despertamos, el caballo seguía allí.

El humor a veces es el mejor aliado para hablar de la realidad tomando algo de distancia, sin implicarnos a fondo, fingiendo demencia y asumiendo que esa situación no nos pertenece, aunque en el fondo sabemos que es una parte indisociable de nosotros.

Al principio nos parece raro, sospechoso y hasta peligroso que un caballo deambule dentro de un hospital. Pero al rato hasta pensamos que no está tan mal que haya un caballo en un hospital. Y, de hecho, millones de personas pueden ponerse de acuerdo y decidir que ese caballo podría ser el director de la institución y tomar decisiones sobre la vida de todas las personas que allí se atienden.

Recuerden por unos segundos las imágenes de la toma del Capitolio en Washington y el asalto al Palacio de Planalto en Brasilia. Son dos muestras recientes de qué sucede en la práctica cuando los discursos intolerantes y violentos comienzan a ser fomentados desde las élites y naturalizados por sus bases sociales.

La realidad, una vez más, supera a la ficción: hay un caballo suelto en el hospital.

Bienvenidos a la era de la crueldad.

1. Sin relato no hay paraíso

Un reloj de arena arriba de una montaña rusa: somos un cuerpo del siglo xx con estímulos del siglo xxi

Todos los problemas del hombre moderno provienen de tres aspectos incompatibles entre sí: unas emociones del Paleolítico, unas instituciones medievales y una tecnología casi divina.

Edward O. Wilson

Vivimos en un tiempo de altibajos. Mientras nuestros cuerpos y mentes fueron moldeados por el siglo xx, con sus ritmos relativamente pausados y sus avances progresivos, hoy nos enfrentamos al aluvión de estímulos propio del siglo xxi. Esta disonancia se expresa en nuestra relación con el tiempo, las emociones colectivas y el lenguaje que usamos para describir el mundo que nos rodea. El mundo contemporáneo parece atrapado en una tensión vertiginosa entre la aceleración constante del tiempo y la materialidad de nuestros cuerpos, que se ven forzados a moverse a la velocidad de internet.

Como señala Hartmut Rosa, la aceleración social ha penetrado cada aspecto de nuestras vidas, imponiéndonos una sensación de urgencia constante, donde la tecnología, el trabajo y la vida social exigen cada vez más rapidez.

Nada alcanza. Esta aceleración genera lo que este filósofo, sociólogo y politólogo alemán denomina «alienación temporal»; es decir, una desconexión entre nuestras expectativas y el tiempo del que disponemos para satisfacerlas. La quietud parece un lujo *vintage*, un capricho, y el tiempo ya no se percibe como un recurso que gestionamos, sino como una fuerza que nos arrastra.

Actualmente, la economía hace de lo disponible una cosa permanente: casi cualquier impulso se puede saciar. Asociado a eso, deviene el concepto de aceleración que explica Rosa: todos los impulsos, acelerados, en una senda de impaciencia máxima. Un nuevo estado nervioso que nos lleva, por ejemplo y muy claramente durante la pandemia, a una fricción entre la velocidad de la tecnología y la velocidad del cuerpo humano. Esta última es la misma que hace seiscientos años; es decir, las capacidades de nuestros cuerpos fueron las mismas durante la pandemia del COVID-19 que durante la gripe española o la peste negra, pero en los tiempos del coronavirus vivimos en un ciclo de aceleración.

«No podemos saber cómo saldremos de la pandemia, cuyas condiciones fueron creadas por los recortes a la salud pública, por la hiperexplotación nerviosa. Podríamos salir de ella definitivamente solos, agresivos, competitivos». Franco «Bifo» Berardi argumentó que esta pandemia no solo traería consigo una crisis sanitaria, sino también una psicológica. La pandemia del COVID-19 agudizó un colapso en las expectativas colectivas. Berardi introduce el concepto de «psicodeflación» para describir el fenómeno en el que la desaceleración forzada por los confinamientos, lejos de ser un momento de pausa para la reflexión, incrementó la ansiedad, la incertidumbre y el miedo generalizado. Esta sensación de parálisis fue potenciada por la hiperconectividad digital, que amplificó esta disonancia: aunque nuestros cuerpos estaban físicamente inmovilizados, el flujo continuo de noticias, información y redes sociales reforzó la percepción de que el mundo continuaba avanzando a un ritmo inalcanzable. La imposibilidad de desconectar de los estímulos digitales alimentó una sensación de impotencia y disparó la ansiedad colectiva.

Berardi conecta esta crisis con la idea de que el capitalismo, en su fase avanzada, no solo reorganiza la producción material, sino también la producción de deseos y afectos. Los filósofos franceses Gilles Deleuze y Félix Guattari, en *El Anti Edipo* (1985), advertían que la lógica capitalista, además de producir objetos y servicios, también moldea nuestros deseos y los ajusta a los ritmos del mercado. Rosa lo explica a través de la lógica de la disponibilidad: la modernidad se ha basado siempre en la disponibilidad de las cosas, ampliando el horizonte de lo que es accesible y controlable. Esta actúa como un motor de necesidades —más cosas, más dinero— e inexorablemente conduce hacia la frustración y la depresión, ya que nunca se sacia. En consecuencia, buscamos soluciones inmediatas: soluciones económicas inmediatas, experiencias efímeras, tecnologías que nos hagan sentir mejores o, por qué no, hasta una democracia instantánea.

Todo ello pareciera mostrar un curso que se desprende casi naturalmente de esta lógica: deseo, obtengo, uso, descarto. Y repito. Esto se vincula —en cierta manera— con lo que venía señalando el Papa Francisco: la cultura del descarte, que prioriza la utilidad por sobre la dignidad humana.

Para Berardi, la pandemia no crea nuevas condiciones ni lógicas, sino que exacerba una alienación que ya estaba latente: somos cuerpos del siglo xx atrapados en el presente hiperacelerado del siglo xxi. A comienzos de 2020, el Premio Nobel estadounidense Joseph Stiglitz señaló, con precisión, que las protestas generalizadas que vimos en 2019 no fueron eventos aislados, sino manifestaciones de una crisis global. Barcelona, París, Beirut, Santiago de Chile, Argel, Hong Kong, Bogotá. Ciudades disímiles que experimentaron grandes y coloridas movilizaciones durante el año 2019, el año de las protestas. Luego llegó la pandemia y, en todo caso, puso a la bronca prepandémica en cuarentena, como bien señaló el politólogo argentino Andrés Malamud.

Años antes, en 2017, Judith Butler apuntó que la ira no es solo una emoción irracional, también es una respuesta legítima frente a situaciones de vulnerabilidad y opresión. En aquellas protestas —disociadas entre sí, pero globales a la vez— la ira fue el motor emocional, una emoción que, como dijo Martin Luther King Jr. de las revueltas de 1967, «es el lenguaje de los no escuchados». Aunque las causas variaban, esta furia se hacía presente en cada movilización. No solo expresaba frustración ante la precariedad económica, también frente a estructuras políticas y económicas que parecían inmutables e inconmovibles. Como señala Sara Ahmed, las emociones, además de respuestas individuales, son «formas de organización colectiva que construyen y mantienen comunidades». La ira colectiva fue un método de reclamar espacio y tiempo en un mundo que, bajo la lógica de la aceleración, parecía ignorar las necesidades de los más vulnerables.

Al mismo tiempo, la complejidad del entramado de estos reparos colectivos hacía que los temas disparadores fueran encadenando otros temas subyacentes. Los casos de Chile y Hong Kong son, quizás, los más icónicos de ese ciclo de protestas. En el país sudamericano, el aumento del precio del boleto del metro fue tan solo la chispa que encendió un polvorín de descontento acumulado durante décadas de políticas. En Hong Kong, la protesta comenzó por una ley de extradición que fue vista como una amenaza directa a las libertades civiles, pero que pronto se transformó en una lucha más amplia por la autonomía política y contra el control chino.

Este ciclo de ira, a su vez, forma parte de una tendencia más amplia que sociólogos como Zygmunt Bauman describen como característica de la «modernidad líquida». En un mundo donde las certezas se desvanecen y las instituciones tradicionales se debilitan, la ira emerge como una respuesta automática al colapso de las expectativas. Las personas ya no confían en que los gobiernos puedan resolver sus problemas y surge un vacío que las protestas intentan llenar.

El 30 de enero de 2020, semanas antes de la propagación del virus del COVID-19 en España, el Centro de Investigaciones Sociológicas (CIS) mostraba en su barómetro mensual el enorme salto de la preocupación ciudadana por la clase política, alcanzando el 54%, su máximo histórico. Pero este desgaste no es exclusivo de una porción del planeta. En esa dirección, el informe del Latinobarómetro de 2023 explica con elocuencia:

> Los latinoamericanos saben que ellos no son los soberanos y buscan con angustia soluciones a sus problemas.

> Después que los ciudadanos de la región han probado 17 alternancias, el terreno está fértil para que abran la puerta a los populismos, las autocracias y aquello que sea necesario para llegar a puerto, esto es, solucionar los problemas que tienen los países. Lo que ayer era tolerable, hoy ya no lo es. La pandemia solo consolidó los problemas y dejó en claro que los últimos gobiernos en cada país no han podido abordarlos respondiendo a las demandas de la gente.

La pandemia, una vez más, aceleró un proceso de desgaste y descomposición previo. Así, como apunta el informe, la «democracia churchilliana» —definida como «el mejor sistema de gobierno»— cayó 13 puntos porcentuales entre 2013 y 2023; la democracia no da respuestas.

En enero de 2024, otro sondeo del CIS señalaba que tres de cada cinco españoles creen que pagan más en impuestos y cotizaciones de lo que luego reciben por parte del Estado. Es decir, los retornos son percibidos como insuficientes para el esfuerzo realizado. Este descontento generalizado se hizo visible en las últimas elecciones europeas de junio de 2024 con el avance de las voces más radicalizadas.

Y la desconfianza no es solo política. Según el Edelman Trust Barometer de 2023, la desconfianza interpersonal alcanzaba al 40% de los españoles. Y si observamos la región latinoamericana, vemos que solo uno de cada diez latinoamericanos confía en el prójimo, según datos del informe de confianza del Banco Interamericano de Desarrollo (BID), publicado a comienzos de 2022. Al mismo tiempo, múltiples expertos vienen advirtiendo que esta suspicacia está aparejada con el deterioro de la democracia como tal. *The Economist* viene apuntando un progresivo y sostenido desgaste de la percepción democrática. En su índice de democracia publicado en febrero de 2025, la salud democrática global se quedó en los 5,17 puntos sobre 10; seis décimas por debajo del 2023 y el valor más bajo desde su primera publicación (2006), cuando alcanzó 5,52 puntos. Además, el estudio resalta que apenas el 6,6% de la población mundial disfruta de democracias genuinamente plenas y saludables, mientras que casi dos de cada cinco personas (39,2%) ven su día a día ensombrecido por la presencia ineludible de regímenes autoritarios.

Este fenómeno de desconfianza generalizada y descreimiento democrático está, asimismo, asociado a la creciente polarización de los discursos públicos. En el último tiempo, vemos cómo —por ejemplo, en los EE. UU.— las identidades partidistas se han fusionado con las raciales, religiosas, geográficas y culturales. Esa es la conclusión a la que llega Ezra Klein, periodista estadounidense, en *Por qué estamos polarizados,* de 2021, donde rastrea cómo estas identidades pautan nuestra forma de ver el mundo y consumir información. Esa polarización de la que habla Klein, sumada a la creciente desconfianza, conduce a que cada vez nos relacionemos más con gente que piensa —o vota— igual que uno, reforcemos nuestros prejuicios y banalicemos el dato.

El discurso político parece ir decididamente en esa dirección. Las palabras se han convertido en armas, tanto para descalificar al adversario como para evadir responsabilidades. La degradación del lenguaje político, donde lo breve, rápido y simple se impone, es sin lugar a duda un síntoma de esta época. Dicho de otra forma: la vulgarización del lenguaje en el ámbito político como otro síntoma de esta aceleración.

Gritos, insultos, *fake news.* Todo ello encuentra un aliado perfecto en los tiempos que corren: la aceleración y reducción de lo complejo. La lucha por la atención pasa al primer plano, casi como único objetivo. Johann Hari subraya la idea de que la democracia es una forma de atención colectiva sostenida. La pérdida de capacidad cognitiva para sostener la atención y el deseo por inmediato son opuestos a algo tan profundo y lento como la democracia.

George Lakoff sostiene que el lenguaje no solo comunica ideas, sino que también estructura cómo pensamos el mundo. Sin embargo, en la política contemporánea, el discurso se ha simplificado y empobrecido, adaptándose a los tiempos cortos de las redes sociales y los medios de comunicación. La lucha por las ideas ahora es una lucha por la atención. Los mensajes políticos se reducen a eslóganes vacíos, diseñados para captar la atención inmediata, pero carecen de la profundidad necesaria para abordar problemas complejos. La lógica del *clickbait*.

Martha Nussbaum aporta que la ira es una respuesta a la percepción de injusticia. En un mundo hiperacelerado, las injusticias parecen multiplicarse, mientras las soluciones se ven inalcanzables. Las protestas de 2019 expresan este malestar: una lucha por recuperar el control sobre un presente que parece escapar a nuestras manos. Estamos en una montaña rusa donde la velocidad nos arrastra, pero nuestros cuerpos, como un reloj de arena, siguen sintiendo el peso del tiempo.

Ideas, claves y mitos sobre las narraciones políticas

> Si no fuera por los narradores, la civilización se destruiría a sí misma.
> **Albert Camus**

Todos hemos escuchado más de una vez aquella frase lapidaria que parece encerrar una verdad irrefutable: «dato mata relato». La repiten a diario políticos, periodistas, docentes, consultores, analistas y encuestadores. El escenario es lo de menos: da igual si es en un plató de televisión, en una conversación viral de WhatsApp o en un posteo en redes sociales. No importa el signo político del emisor. Importa la sensación de verdad que esas tres palabras denotan. Es una afirmación que suena verdadera, y por eso ha penetrado tanto en el sentido común de la opinión pública. De hecho, existen decenas de podcasts, programas de televisión y secciones en páginas webs que se llaman así en muchos países de habla hispana.

Quien pronuncia esta frase siempre lo hace convencido, frunciendo el ceño. Levanta la voz y hasta hay quienes apuntan con el dedo índice para enfatizar lo dicho. Esas tres palabras —«dato mata relato», apenas un verbo custodiado por dos sustantivos—, aunque parezcan un aforismo simpático y sin maldad, configuran la sentencia de muerte del discurso político contemporáneo. Los griegos ya habían bautizado este fenómeno. Hablaban de *anekdiegesis* para referirse a la ausencia o la imposibilidad de vertebrar un relato. Y este es el verdadero peligro: hacer creer que el antídoto es el veneno. Que lo bueno (siempre) son los datos y lo malo (siempre) es el relato. En todo caso, los datos son parte del equipaje esencial que permite que el relato cobre forma y tenga peso propio. Pero no son antónimos, aunque se diga y machaque lo contrario.

«Dato mata relato» se transformó en una muletilla tan eficaz que seguramente casi ninguno de los emisores se ha detenido a pensar qué significa semejante afirmación y qué consecuencias tiene su naturalización. Y ese es el verdadero triunfo: haberse instalado en la opinión pública.

En primer lugar, esta afirmación sugiere que todo «dato» se presupone objetivo e infalible, y que esa supuesta demostración empírica tiene tanta fuerza propia que es capaz de dinamitar cualquier vestigio de argumentación. En segundo lugar, implica que el «relato» es el enemigo a batir, la construcción diabólica y perversa que hay que derribar con información cuantitativa, con números, nombres, gráficos, cifras, hechos.

Se trata de una estrategia discursiva evidente y cada vez más extendida para deslegitimar al adversario y hacerlo caminar por un angosto desfiladero, al límite del precipicio donde se suicidan las palabras. Porque nada más lejos de la verdad que equiparar al «relato» con el pretendido «engaño»; y, cuando se hace, lo que se traspasa es el umbral mismo de la política. En ese preciso momento se elige la antipolítica. Y de esas tergiversaciones nacen los monstruos que ocultan su verdadera condición, que utilizan las reglas de juego democráticas como un instrumento para lograr su aventura personal.

Los ejemplos abundan: Bolsonaro, Trump, Milei, Maduro, Ortega, Orban, Meloni, y un largo etcétera. Así que cuidemos el lenguaje, porque es la primera barrera que tenemos los demócratas para defenderla de sus detractores, cuyo objetivo es que la manipulación se transforme en veracidad, en el «sentido común» de las mayorías.

En *La manipulación del lenguaje,* Nicolas Sartorius, llega a una serie de conclusiones sobre el lenguaje y sus efectos que vale la pena revisitar. En primer lugar, sostiene que no es verdad aquella frase manida de que «a las palabras se las lleva el viento». Muy por el contrario, «son como rocas o piedras que pueden provocar auténticos aludes o sostener sólidas arquitecturas políticas». De hecho, considera que «existe un hilo invisible entre las palabras y la movilización de las conciencias que puede originar pequeños o grandes cambios».

En segundo lugar, afirma que «cuanto más se manipula el lenguaje, mayor es el deterioro de la democracia, cuya fortaleza radica en la transparencia, en la claridad y en la verdad. Sin una información veraz —agrega Sartorius—, sin una transparencia en la motivación de las decisiones que afectan a la cosa pública, la participación de la ciudadanía en la vida política y en la elección de las mejores soluciones a los problemas comunes se deteriora e incluso se hace inviable».

Por eso en este libro llamaremos a las cosas por su nombre y empezaremos por el principio. Roland Barthes, prolífico estudioso del lenguaje, lo decía con claridad:

> Bajo sus infinitas formas, el relato está presente en todas las épocas, en todos los lugares, en todas las formas, en todas las sociedades; el relato empieza con la historia misma de la humanidad; no hay, nunca ha habido un pueblo sin relato. [...] Todas las clases, todos los grupos humanos tienen sus relatos, y muy a menudo esos relatos los disfrutan en común hombres de culturas diferentes, incluso opuestas: el relato se ríe de la buena y de la mala literatura: internacional, transhistórico, transcultural, el relato está ahí como la vida.

Rescatemos entonces del cajón de las palabras mal usadas términos como «relato» y pongámoslos en valor. Definamos, por ejemplo:

> **Relato:** entramado narrativo compuesto de palabras, gestos y silencios que todo gobierno o candidato (si hablamos específicamente de la comunicación política) debe desplegar si quiere permanecer en la memoria colectiva de un pueblo.

Entendamos que si no hubiese relato moriría la política. Porque sin relato no hay mito de gobierno, y por ende no hay recordación, no hay legitimación pública. Como dice Mark Thompson, profesor invitado de la Universidad de Oxford: «La crisis de nuestra política es una crisis de lenguaje político [...] porque sencillamente cuando el lenguaje público pierde su poder para explicar e implicar, pone en peligro el vínculo más general entre el pueblo y los políticos».

Es una mirada muy parecida a la que tenía George Orwell sobre la sociedad británica. En 1946 ya nos advertía: «Deberíamos reconocer que el caos político de la actualidad está vinculado con el declive del lenguaje y que uno, probablemente, pueda aportar ciertas mejoras comenzando por el plano verbal». En la misma línea va el especialista en comunicación política Mario Riorda:

> [...] la narrativa política gira en torno al relato. Y los relatos se construyen. Como la realidad también se construye. Como la comunicación política crea realidades. Ese es el paradigma construccionista, cuya idea central es que la realidad no se deriva del mundo tal como es. La realidad es el resultado de la coordinación humana, es una construcción a través del lenguaje.

Riorda habla del mito de gobierno, que es la manera refinada y menos peyorativa de referirnos al relato:

El mito de gobierno es, en comunicación política, un elemento unificador que simboliza la dirección, la voluntad y la justificación de las políticas. Se trata de una referencia breve que representa el pasado y el presente de un país (o región o ciudad), pero que implica también una conjunción con el devenir futuro como modo de activar una sociedad y ofrecerle certezas del rumbo a seguir. Su alcance persuasivo y argumental no es ilimitado, sino que se circunscribe a los ámbitos de lo verosímil, lo plausible y lo probable. Representa el ejercicio coherente de lo propuesto discursivamente como contrato de gestión, en la faz electoral y la actualización de lo mejorable o actualizable de ese contrato, una vez que se es gobierno y en base a políticas concretas.

Como contrapartida, es necesario dejar en claro que tampoco es saludable cuando el péndulo va hacia el lado contrario. Es decir, la euforia creciente de que «todo se cura con un buen relato», como si se tratase de un remedio homeopático para cualquier mal que aqueja a nuestra sociedad, tampoco nos llevará a buen puerto.

De hecho, son oportunas las palabras del ensayista francés Christian Salmon quien en 2008 ya anticipaba que la práctica del *storytelling* a gran escala —ese es precisamente el título del libro, *Storytelling*—, como una especie de sistema interconectado para imponer ideas, generar sentido y controlar las conductas, se estaba transformando en un «arma de distracción masiva».

Sin ir más lejos, en el prólogo del mismo libro el publicista Miguel Roig reseña en detalle estos riesgos y busca los antecedentes históricos del fenómeno, trayéndonos una vez más a Roland Barthes.

En sus *Mitologías,* Roland Barthes ya da muestras a finales de los años cincuenta, en el caso concreto de la religión y de la astrología, de «historias» que intentan ordenar y orientar las ideas y la conducta. Le llama la atención a Barthes, mirando la sección del horóscopo de la revista *Elle* que ni una sola de las «predicciones» estimulan ni alimentan ninguna transgresión al orden establecido; al contrario, lo confirman. Jamás se habla del salario, por ejemplo, ya que «el salario es lo que es y permite la vida». Entonces, se pregunta Barthes, si no hay compensación onírica en esas historias, ¿para qué sirven? Para exorcizar lo real, nombrándolo; su función es objetivarlo sin desmitificarlo.

En resumen, el término relato no puede ser ese significante vacío que llenamos según nuestros prejuicios y conveniencias. Siendo conscientes de los riesgos de su mal uso, en este libro lo rescataremos de su incómodo lugar.

El doctor en comunicación y experto en narrativas políticas, Gonzalo Sarasqueta, ahonda en este concepto y clarifica aún más su enorme trascendencia en la construcción de sentido común.

Los relatos forjan afectos, identidades, mapas: realidades. Y en la era de la microsegmentación y del prosumidor continúan siendo trascendentales. Si bien estamos en una época donde los contenidos -tanto desde la política como desde el sector corporativo- son quirúrgicos e individualizados, seguimos siendo seres gregarios. Nos gusta formar parte de un grupo de amigos, un equipo de fútbol o una nación. La grey nos convoca. Y el mejor adhesivo para aglutinar voluntades son las narrativas.

Defendamos el relato entonces como un actor esencial del discurso público y volvamos a llenarlo de contenido para que ni los distraídos ni los oportunistas sigan confundiendo, haciendo creer que el relato no es otra cosa que un recurso más que el marketing electoral saca de su caja de herramientas cada vez que se acerca una elección. Quizás vale la pena preguntarnos en voz alta: ¿puede la democracia seguir hablando así? Tal vez responder a esta pregunta sea el reto más importante al que nos enfrentamos quienes nos dedicamos a trabajar con la palabra.

No perdamos de vista que los cimientos de nuestra democracia están hechos, como dijimos anteriormente, de palabras, gestos y silencios. De sentimientos y de pensamientos. Si seguimos devaluando el lenguaje y bastardeando la arquitectura narrativa que lo sostiene, acabaremos con la democracia misma y la propia idea de convivencia en sociedad.

El discurso político hoy: gritos, promesas y emociones

> Oigo a un monstruo respirar, oigo cómo se debilita la democracia... Espero que no sea demasiado tarde.
> **Elfriede Jelinek**

Nada es lo que era. Vivimos un tiempo donde el vértigo de la información lo devora todo. Una noticia tapa la siguiente, un escándalo purifica el escándalo anterior. No hay tiempo para procesar semejante cantidad de (des) información que nos llega al móvil a cada minuto. Todo es instantáneo. Efímero. Fragmentado. Y así vivimos. Así trabajamos. Así nos relacionamos. Así votamos.

Pero seguimos adelante como si no estuviésemos atravesando la mayor revolución tecnológica de nuestra era, que transforma nuestras sociedades a un ritmo sin precedentes. La propia dinámica de los acontecimientos nos envuelve en una espiral que impide que pensemos, reflexionemos, decidamos. La inercia nos lleva a un bucle infinito donde la ansiedad se confunde con el deseo y la rutina es devorada por el consumo. No hay pensamiento porque no hay pausa, no hay comprensión porque no hay quietud.

Da igual si eso que recibimos es verdadero o falso. Pasamos pantalla. Cambiamos de estímulo. Rápido. Segundos afuera. Insistimos. Da igual si eso que estamos a punto de viralizar es verdadero o falso. Lo hacemos igual. No hay discernimiento posible en el precipicio del ahora. Solo basta con que el contenido del mensaje ratifique mis creencias previas para compartirlo. Así se expanden los bulos, así muere lentamente la verdad.

En esa montaña rusa amamos, perdemos, ganamos, nos separamos, nos amigamos, nos casamos, somos padres, hermanos, vecinos, amigos. En esa montaña rusa vivimos. Fingimos demencia y seguimos adelante, sin freno, hacia lo desconocido. La política también juega este juego de máscaras y sombras, y finge normalidad, aunque sospecha que la inteligencia artificial —por ejemplo, eso de lo que todos hablan y casi nadie entiende— puede poner en jaque a la democracia misma, tal y como la conocíamos. Pero también sigue adelante, como si nada sucediera.

No vamos a caer en la nostálgica tentación de señalar que «todo tiempo pasado fue mejor». Pero sí podemos afirmar con toda seguridad que estamos viviendo un tiempo de profundos cambios (permanentes) y de enormes crisis (transversales). Y el discurso político, como la savia elemental que alimenta las narraciones de nuestro tiempo, también está sufriendo una metamorfosis que vale la pena desentrañar.

Una nueva estética política ha nacido, donde la forma es el mensaje y la hostilidad afectiva se abraza a los desacuerdos ideológicos aprovechando el poder de expansión instantánea que brindan las redes sociales.

Por eso nos preguntamos: ¿de qué están hechos los discursos en esta época donde muchas veces tenemos la sensación de que estamos viviendo una serie distópica en tiempo real? ¿Qué es lo que mueve los engranajes de esta máquina narrativa llamada relato? Al menos hay que hablar de diez elementos constitutivos de esta nueva manera de hablar, entender y comunicar.

1. Posverdad

Entendemos por *fake news* la creación y difusión malintencionada de información por parte de personas y grupos con intereses comerciales, económicos o personales. Si hay un escritor que fue capaz de describir con lucidez la época que estaba viviendo al mismo tiempo que logró anticiparse a lo que podría ocurrir en el terreno del lenguaje político, ese fue George Orwell. En un ensayo titulado *Delante de las narices,* escrito en el verano de 1948, sentenció:

> La clave es que todos somos capaces de creer cosas que sabemos que no son ciertas, y luego, cuando finalmente se

demuestra que estamos equivocados, manipular descaradamente los hechos para demostrar que teníamos razón. Desde el punto de vista intelectual, es posible prolongar este proceso durante un tiempo indefinido; lo único que le pone freno es que, antes o después, las creencias falsas chocan con la tozuda realidad, normalmente en el campo de batalla.

2. Tribalismo

Nos reunimos con una lógica tribal. Cada grupo social se identifica con intereses comunes, casi siempre organizados en torno a liderazgos. No buscamos ser políticamente correctos, sino estar cohesionados por ese estímulo emocional que nos aglutina y nos hace creer que somos únicos. Donatella Di Cesare argumenta que es muy común que de estos comportamientos se desprendan las teorías conspirativas: «La idea sustancial es que el pueblo ha sido engañado y llega un profeta que enciende la luz y dice que la democracia es una estafa». Nos alivia, nos da una explicación sencilla para problemáticas multicausales y complejas de resolver. Y encajan, sobre todo, en tiempos de crisis, cuando necesitamos archivar ese malestar para poder seguir adelante. Tan humano como caminar o respirar.

3. Hiperconexión

Toda nuestra vida pasa por la pantalla de un teléfono móvil. Esto nos lleva a situaciones de estrés, dependencia extrema y ansiedad. Muy lejos quedó la idea de la neutralidad de la red y la democratización de la comunicación. Convivimos con la sensación cada vez más extendida de que, si no estamos presentes en las redes sociales, en realidad no existimos. El mantra empirista *esse est percipi* («ser es ser percibido») que el filósofo inglés George Berkeley acuñó hace más de trescientos años cobra una vigencia espectacular en este ecosistema de clics, interacciones y algoritmos voraces.

4. Algoritmos

Somos como plantas regadas por un jardinero invisible. Nos brinda la dopamina diaria para sentir que estamos floreciendo, pero en realidad nos está marchitando por dentro. Así funcionan los algoritmos, así caemos en la trampa cotidiana de la aparente libertad que las redes nos generan.

La experta en inteligencia artificial Lucía Velasco, autora del libro *¿Te va a sustituir un algoritmo?*, afirma: «Está muy conectada una automatización deshumanizada con el auge de los populismos, y por ende pone en riesgo la democracia y lleva a las personas a situaciones límite. En EE. UU. se ve claramente que los lugares donde ganó Trump es donde mayor nivel de automatización hubo».

En una charla Ted titulada «Mi nuevo compañero de trabajo es un algoritmo», Velasco propone tres formas de abordar este fenómeno que vino para quedarse:

- Aceptar que los cambios son inevitables.
- Formarse continuamente en competencias digitales y en todas aquellas habilidades que se nos dan mejor

que a las máquinas, como la comunicación, la capacidad de improvisación, la flexibilidad, el trabajo en equipo, etcétera.
- Poner el foco en lo importante, que es la vida, para que la tecnología sea una aliada que nos ayude a trabajar para vivir y no vivir para trabajar. Con este fin hay que desarrollar una tecnología que esté al servicio de las personas, una tecnología basada en principios y valores éticos.

5. Velocidad

Frases como «no tengo tiempo», «ahora no puedo», «no me da la vida» o «no voy a llegar» inundan las conversaciones cotidianas en cualquier reunión de trabajo o charla entre amigos. La sensación generalizada es de agobio, de que hacemos un esfuerzo enorme por domesticar al tiempo, esa ficción extraña de la cual estamos hechos, recordando a Borges que a su vez citaba a Heráclito.

Somos esencialmente tiempo y hacemos un sacrificio colosal para negarlo. Es tan sencillo como admitir que si tenemos interiorizado quién domina nuestro tiempo, sabremos de quién somos esclavos, a quién debemos tocarle la puerta para que nos devuelva la libertad. Decía el expresidente de Uruguay José «Pepe» Mujica: «Cuando yo compro algo, o tú, no lo compras con plata, lo compras con el tiempo de vida que tuviste que gastar para tener esa plata».

El escritor español Adolfo García Ortega también lo resumió a la perfección: «Paradójicamente, ahora que, en los países hiperdesarrollados por el consumo, la edad de vida y su calidad han aumentado, la velocidad exigida para todo lo que nos rodea acorta la posibilidad de disfrute, vaciando de contenido la vida. Vivimos y viviremos más, pero en un tiempo vertiginoso y etéreo».

6. Viralidad

Si un mensaje no es susceptible de ser compartido a gran escala, no sirve. Da igual si es un *sticker,* un emoticono, un gif, una imagen o un texto breve. Lo que importa es que lleve implícita la posibilidad de que llegue a cientos, miles, millones de teléfonos móviles. Ser, en el primer cuarto del siglo XXI, es ser percibido, pero fundamentalmente es ser viralizado.

En este aspecto vale la pena rescatar la mirada del filósofo surcoreano Byung-Chul Han en su libro *La crisis de la narración:*

En la modernidad tardía, que es la era digital, tratamos de disimular la desnudez de la vida y de ocultar el absurdo vital a base de estar permanentemente posteando, dándole al botón de «me gusta» y compartiendo. El ruido de la comunicación y de la información impide que se nos revele el aterrador vacío vital. La crisis actual no consiste en «vivir o narrar», sino en «vivir o postear». Tampoco la adicción a los selfis se explica por un narcisismo, sino que es más bien el *vacío interior* lo que causa esa adicción. El yo no encuentra ofertas de sentido que puedan proporcionarle una identidad estable. Ante el vacío interior, el yo crea *una imagen de sí mismo* y la escenifica permanentemente. Los selfis reproducen la forma vacía del yo.

7. Polarización

Nos acostumbramos a convivir en un clima político irrespirable. Como si hubiésemos aceptado con naturalidad que se puede permanecer a la intemperie mientras tosemos a causa de un humo espeso y constante. No se discuten ideas, valores, propuestas. Se confrontan eslóganes, dogmas, prejuicios. Como sociedad, nos une mucho más lo que nos diferencia que lo que nos iguala. No sabemos muy bien qué sentimos, creemos o pensamos, pero sí tenemos muy claro qué cosa no queremos ser, y desde ese lugar de oposición construimos nuestro propio yo.

En el prólogo del libro *Por qué estamos polarizados* de Ezra Klein, Luis Miller, uno de los investigadores españoles que más estudió sobre el tema distingue entre tres tipos básicos de polarización:

- La ideológica, donde los partidos se cierran cada vez más en sí mismos, se vuelven endogámicos y se diferencian más del adversario.
- La afectiva, donde el ciudadano tiene mayor nivel de apego hacia aquellos con los que se siente más identificado y una mayor hostilidad hacia los que no comparten su mirada.
- La social y territorial, se trata de la diferenciación que afecta a los gustos, estilos de vida y lugares de residencia.

El propio Klein destaca que los procedimientos por los que estos tres tipos de polarización se han reforzado entre sí durante las últimas décadas obedece a que «los partidos se han homogeneizado ideológicamente, las emociones positivas y negativas han inundado las evaluaciones políticas, y la seguridad socioespacial ha explotado también, de modo que los ciudadanos viven crecientemente en lugares en los que comparten gustos estéticos, aficiones e ideología con sus vecinos. Esta homogeneidad hace que se tenga una opinión cada vez más distorsionada y caricaturizada de los que piensan distinto».

8. Emociones negativas

Resentimiento. Indignación. Miedo. Inseguridad. Bronca. Son los sentimientos que afloran mayoritariamente en las redes sociales y en los programas televisivos cuando se habla de temas económicos, políticos o sociales. En *La época de las pasiones tristes,* el sociólogo francés, François Dubet ya advertía que «ese enojo toma la forma de la denuncia o la catarsis por un orden que se siente injusto, y suele encarnizarse con los que reciben asistencia del Estado (¡todos inútiles!) pero también con los políticos y las élites (¡todos corruptos!)».

A derecha e izquierda se explotan los bajos instintos humanos y se aprovechan de las vulnerabilidades de cada grupo social para enfatizar una y otra vez lo que nos divide. Dice Dubet: «Acá y allá, un lenguaje paranoico acusa a los pobres, los inmigrantes y los desempleados por no esforzarse lo suficiente, a las finanzas por hacer negocios a costa de las economías nacionales y a estas por no abrirse a la globalización, a los gobiernos por desmantelar las políticas sociales o, al contrario, por abusar de ellas demagógicamente».

9. Entropía

Un oxímoron parece gobernarnos. El caos aparece como elemento ordenador del sistema. Para resumir esta idea nada mejor que recomendar la lectura del libro *Los ingenieros del caos,* del escritor y exasesor político Giuliano da Empoli. Además, este autor ítalo-suizo escribió en 2023 *El mago del Kremlin,* una electrizante novela que narra la vida de Vadim Baranov, quien fue durante muchos años el consejero más cercano de Vladimir Putin. Allí también podemos encontrar varios fragmentos imprescindibles para entender cómo se cocina el discurso político detrás de escena con la maestría propia de quien sabe mezclar la ficción con la realidad:

> ¿Qué haces tú cuando quieres cortar un alambre?
>
> Primero, lo retuerces en un sentido, luego en otro. Eso es lo que vamos a hacer, Yevgueni.
>
> A medida que vayáis creando vuestra red de internet, os daréis cuenta de que hay asuntos que atrapan a la gente más que otros. No sé cuáles. Los sabremos a medida que cliqueemos, Yevgueni.
>
> Puede que unos estén contra las vacunas, otros contra los cazadores o contra los ecologistas, o contra los negros o contra los blancos. Qué más da. La clave es que cada quien tenga algo que lo apasione y alguien a quien odiar.
>
> No debemos convertir a nadie, Yevgueni, solo hemos de descubrir en qué creen y hacer que crean en eso todavía con más fe, ¿comprendes? Dar noticias, argumentos verdaderos o falsos, eso carece de importancia. Hay que enfurecerlos a todos.
>
> Todavía más. Los que están en defensa de los animales a un lado y los partidarios de la caza al otro. Los del Black Power contra los supremacistas blancos.
>
> Los activistas gais contra los neonazis.
>
> No tenemos preferencias, Yevgueni.
>
> Nuestra única línea es el alambre de hierro.

Lo retorceremos en un sentido y en otro, hasta que
se rompa.

10. Movimientismo

Nos identificamos con determinadas causas, ni siquiera
con una sola. Lo que en el siglo XX representaban los
partidos políticos o los sindicatos ahora lo abanderan
movimientos transversales que pueden estar unidos por
variables bien definidas como la cuestión generacional
o temática. Estos grupos reivindican demandas concretas, con alta visibilidad pública y una fuerte penetración
en las redes sociales y los nuevos lenguajes audiovisuales,
que van desde el #MeToo o Black Lives Matter hasta el Ni
una menos.

Como señala el politólogo Mario Riorda en el corto
documental *Paren un poco,* «una característica central de
estos colectivos es que se pasa de la alta expectativa a la
frustración en poco tiempo porque se desarman con la
misma velocidad con la que se crearon».

La era de la crueldad

La sola idea de que una cosa cruel pueda ser útil es ya de
por sí inmoral.
Cicerón

Todo este entramado discursivo forma parte de una red
mayor, son eslabones indispensables para que el complejo industrial de la indignación global pueda seguir

produciendo su *commodity* más preciado: la ira. Y aunque ahora nos parezca una moda traída a escena por la extrema derecha, desde que la humanidad empezó a contarse historias para trascender generaciones, la ira siempre estuvo allí.

La escritora española Irene Vallejo, Premio Nacional de Ensayo 2020, nos recuerda que los comienzos literarios que dieron origen a nuestra propia cosmovisión occidental no fueron nada pacíficos:

> La primera palabra de la Ilíada es «cólera»: antes que a los dioses o a los seres humanos, el poeta invoca la ira, la ofensa que hiere y hierve. En su mundo reina el apetito de pelea, el combate donde se compite, la glotonería de gloria.
>
> Las voces de los guerreros arengan, aúllan y retumban. De hecho, el adjetivo «estentóreo» deriva de Esténtor, un personaje del poema que, según Homero, gritaba con el ruido y la furia de cincuenta hombres.
>
> [...] A muchos líderes estentóreos los definen sus odios, no sus ideas. Confunden ganar con gritar y destacar con desgañitarse, siempre en actitud de ataque. Abundan los profesionales de la confrontación y el insulto, pertrechados de profecías apocalípticas, convencidos de que el fin justifica los miedos.

De aquellos polvos estos lodos. Volvamos a Christian Salmon por un instante para poner en perspectiva histórica la metamorfosis del discurso político. Ya en 2019, el ensayista francés nos advertía que «la lógica del enfrentamiento en el plano de la política ha devastado la narración de la política. No queda más que el combate frontal.

Asistimos a un nuevo giro o vuelco, a una ruptura posnarrativa: la era del enfrentamiento».

¿Pero cómo llegamos hasta aquí? Según el propio Salmon, el siglo xx atravesó tres grandes crisis narrativas que determinaron que «la actualidad ya no se puede interpretar en secuencias o como partes de una serie; atiende menos a la intriga que al choque. Obedece a una lógica de ruptura que atañe más a una sismografía política que a la categoría de *storytelling*. Así, se esboza una doble tendencia: por un lado, la tentativa de instaurar e incluso de imponer cierto orden narrativo; por el otro, la afluencia de elementos que alteren ese orden».

La primera crisis narrativa coincidió con la Primera Guerra Mundial («un deslizamiento de las placas tectónicas que ordenaban hasta entonces la experiencia de los hombres»); la segunda, luego de la Segunda Guerra Mundial («destrucción de la dimensión temporal de los acontecimientos») y la tercera coincide con el fin de la Guerra Fría y la profecía del final de los grandes relatos con la caída del muro de Berlín y el auge del capitalismo financiero. Esta tercera fase incluye la crisis de 2008 y la explosión de internet y las nuevas tecnologías, así como el surgimiento de las redes sociales en la primera década del siglo xxi.

Según Salmon, de esta sucesión de «revoluciones encabalgadas» surge una espiral de descrédito, que a su vez divide en cuatro etapas:

- 1989-2001: el impasse narrativo (caída del muro de Berlín) y el auge del *storytelling* (caída de las Torres Gemelas).
- 2001-2008: la era de la sospecha
- 2008-2016: la guerra de los relatos
- 2016-2019: la era del enfrentamiento

Pero a partir de 2020 el mundo entró en una especie de hibernación planetaria producto de la pandemia, y semejante sacudón global hizo temblar también la noción misma de «enfrentamiento» y que esta pasara a un grado superior marcado por el odio, el resentimiento, la violencia. Los traumas no resueltos de una sociedad paralizada por el miedo a la enfermedad, a morir, a no saber qué pasará mañana.

El ensayista indio Pankaj Mishra habló de «la edad de la ira» para desmenuzar este combo de xenofobia, racismo y populismo que parece inundarlo todo. La periodista Máriam Martínez-Bascuñán nos acerca al pensamiento de Mishra y nos ayuda a entender por qué es importante leerlo para entender nuestro tiempo:

> El ascenso y éxito de la demagogia en el mundo en 2016 solo podía entenderse, según Mishra, desde un enmarque teórico que pusiera las emociones en el centro. Los conceptos derivados de las décadas liberales «parecían incapaces de absorber una explosión de fuerzas incontroladas» que cuestionaban la premisa de que los individuos somos seres racionales. Con él, el análisis académico se atrevió a reintroducir ejes olvidados: nuestro ego herido, el miedo a perder el honor, la dignidad o el estatus, la desconfianza y el desarraigo ante el cambio, la atracción por el ardor nihilista. Tales pasiones confirmaban aquella lúcida afirmación de Obama: Trump había convertido en irresistible el argumento de estar dispuesto a hacerlo saltar todo por los aires.

Y después del enojo, ¿qué hay? ¿Qué sigue en la escala Richter de la irascibilidad humana? En estas páginas hablaremos de un concepto con el que pretendemos responder a estas preguntas y resumir lo que a nuestro juicio estamos viviendo en las sociedades occidentales, presumiblemente liberales y autodefinidas como democráticas. Veamos de qué se trata. Acerquemos la lupa para entender por qué últimamente masticamos más bronca que satisfacción, por qué nos invade más el miedo que la esperanza.

Como ya anticipamos, esta es una forma arcaica y primitiva de ejercer el poder donde lo que prevalece es la humillación y la arbitrariedad. En 1751 el artista inglés William Hogarth publicó una serie de grabados llamados *Las cuatro etapas de la crueldad*. Cada una de ellas representaba un momento en la vida del personaje ficticio Tom Nero. La primera muestra la tortura que le propina el niño a un perro; la segunda retrata cómo el personaje ya convertido en un hombre golpea a su caballo; la tercera lo ilustra en una situación de robo y asesinato; y en la última su cuerpo es ejecutado en la horca y mutilado por los cirujanos en un anfiteatro anatómico.

Las obras fueron concebidas como un alegato moral, para poner de relieve la crueldad cotidiana que se vivía en las calles de Londres en aquel entonces, en especial hacia los animales. De hecho, se imprimieron en papel barato para que todo el público pudiese acceder a ellas, como una manera de crear conciencia e incidir en la opinión pública.

Pasaron casi tres siglos de aquellos grabados, pero la crueldad no pasó de moda. En los últimos años podemos decir que se hizo carne en el discurso público, y tanto las élites gobernantes como los ciudadanos de a pie se volvieron menos empáticos, más crueles. Si continuamos con la analogía propuesta por Hogarth en su obra, veremos que el discurso político contemporáneo también puede tener sus propias «cuatro etapas de la crueldad». Es una tormenta perfecta que arranca con una confusa niebla, continúa con un fuerte viento, se profundiza con rayos y truenos y acaba en una lluvia ácida que nos vuelve a todos más estúpidos y vulnerables.

- Primera etapa de la crueldad discursiva: *confusión*. La polarización extrema nos vuelve cada vez más violentos. No logramos distinguir si es más dañino el fondo (el contenido de lo enunciado) o la forma (las maneras brutales de plantearlo). Como si de una espesa niebla se tratase, no diferenciamos la gota de la nube. Es un embudo borrascoso que se lleva puesto todo lo que encuentra a su paso. Es el momento de la alteración de los valores de convivencia básicos.

- Segunda etapa de la crueldad discursiva: *desorden*. El adversario se vuelve enemigo. Ya no importa la discusión de ideas ni el intercambio de miradas, solo importa tener razón. Un viento fuerte desordena lo que parecía sólido. Los planteos son cada vez más ridículos, más extremos y masivos. El viento lo esparce todo y llega a cada rincón de la opinión pública. Todos, aunque creamos lo contrario, nos hemos vuelto un poco más intolerantes e intransigentes.

- Tercera etapa de la crueldad discursiva: *violencia*. Al enemigo no se lo respeta, se lo humilla. Se lo reduce a la condición de animal (rata) o de enfermedad (parásito, virus, cáncer) y se lo adjetiva de la manera despectiva más elocuente (degenerado, miserable). Una especie de lógica kafkiana de utilización del poder. Todos somos susceptibles de convertirnos en Gregor Samsa, el personaje de *La Metamorfosis*. Aquí caben la burla como método infalible y el gozo de ver claudicar al otro como un alivio excitante. Comienzan los rayos y los truenos, que anuncian el ruido de un nuevo tiempo. Los gritos son más fuertes que cualquier conversación. La tormenta eléctrica que se desata termina de sacudir los cimientos de lo que creíamos estable.

- Cuarta etapa de la crueldad discursiva: *destrucción*. Al enemigo se lo intenta combatir de cualquier manera. La manipulación psicológica, el ataque virtual y físico, y hasta la eliminación literal del «otro» si es posible. El ring dialéctico es moral, se retan a duelo «el bien» y «el mal», ergo no hay victoria posible sin rendición del otro. El razonamiento es simple: la única manera que tengo de ganar el combate es eliminando al «otro», que es «el mal». No hay acuerdo ni negociación posible. La extinción del otro es la única salida en la autopista de la crueldad. El resultado es una lluvia ácida que nos moja a todos y a su vez nos paraliza. Se oxida la palabra. Se vulgariza el debate público. Se agujerean las baldosas y las paredes de nuestra democracia. Todos vemos cómo llueve desde las trincheras discursivas que cavamos, pensando que así estaremos a salvo.

En definitiva; confunden, desordenan, agreden, destruyen.

Así se diseña la maquinaria de la crueldad discursiva que nos va triturando un poco más cada día.

Primo Levi, escritor italiano sobreviviente del Holocausto, sabía muy bien cómo la crueldad podía acabar en el horror. A él le atribuyen el siguiente fragmento:

> No empezó con las cámaras de gas. No empezó con los hornos crematorios. No empezó con los campos de

concentración y exterminio. [...] Comenzó con los políticos dividiendo a la gente [...] Empezó con los discursos de odio e intolerancia, en las plazas y los medios de comunicación [...] Comenzó cuando la gente dejó de preocuparse por eso, cuando la gente se volvió insensible, obediente y ciega, con la creencia de que todo esto era normal.

En Argentina lo saben muy bien. El escritor porteño Martín Kohan, al describir el clima de época inaugurado por el presidente argentino Javier Milei, no dudó en hablar de la crueldad como uno de los rasgos fundamentales que caracterizan el accionar del líder de ultraderecha. Compartimos tres frases que sintetizan su pensamiento y maridan a la perfección con la idea que estamos desarrollando aquí:

La crueldad está de moda. Cae bien, luce bien. Milei lo hace a menudo. Él se regodea con la crueldad.

En un contexto donde la empatía y la solidaridad deberían prevalecer, se observa una preocupante humillación y la exposición de otros al ridículo.

El jefe de estado habla de una batalla. De la batalla cultural. No creo que lo que hace se trate de una batalla cultural. El modo en que lo plantea carece del desarrollo conceptual necesario para poder dar una batalla ideológica y cultural. Esto implicaría discutir. Y él no lo hace. Él grita «AFUERA», y listo. Él descarga su bronca. Y suscita la adhesión que tendría cualquiera que tenga esa bronca.

Da igual si los gritos vienen de Argentina, EE. UU., Brasil, España, Italia, Francia o El Salvador. Puede ser Milei, Trump, Bolsonaro, Abascal, Salvini, Le Pen, Bukele. Es la matriz del odio y la crueldad la que opera veinticuatro horas, siete días a la semana, sin importar el idioma o el punto del mapa en el que el insulto se clava como un puñal en el pecho del discurso público.

Piensen por unos instantes en cualquiera de los líderes políticos recién mencionados. Ahora lean la siguiente frase de Irene Vallejo.

> Hoy, ciertos discursos públicos exhiben una crueldad descarnada, en nombre de la sinceridad, el coraje, la autenticidad y el cambio. Frente a la aburrida moderación de los tibios, contra su soporífera idea de medir cada frase, prefieren decir las cosas como son —como ellos creen que son, claro—, aunque sus voces feroces abran heridas, generen odio o hagan sufrir. Con calculada pose, esta violencia verbal presume de ser espontánea, genuina, joven, diferente, deslenguada.

¿Dónde está el límite? ¿Cuándo acaba? ¿Quién puede ponerle un freno a este proceso de deshumanización del debate público?

Quizás una respuesta posible esté en la película *Joker,* dirigida por Todd Phillips en 2019. Cuando el payaso ya no pueda hacer reír, cuando sus chistes ya no causen gracia, cuando solo quede el escenario vacío, quizás ahí haya encontrado un dique de contención. Se pondrá más violento, cambiará la carcajada por el llanto. Será un final dramático.

Volvamos a Buenos Aires, capital del experimento anarcocapitalista.

El 23 de mayo de 2024 le preguntaron a Javier Milei por las penurias económicas de gran parte de la sociedad a la que no le alcanza el dinero para costear sus necesidades básicas debido «al mayor ajuste de la historia de la humanidad», según sus propias palabras. Era un canutazo en el que había muchos periodistas a la salida de una exposición rural. «Si la gente no llegara a fin de mes ya se hubiera muerto», dijo. Y no se le movió un pelo.

El 4 de diciembre de 2024 Javier Milei dio un largo discurso en la CPAC (Conferencia de Acción Política Conservadora), el foro conservador más antiguo de los EE. UU. Por primera vez se realizaba la cumbre en Argentina. Durante la hora que duró su intervención, Milei habló de los tres ejes principales en los que basa su trípode ideológico: gestión, acción política y batalla cultural. Solo bastan algunos fragmentos del discurso de ese día para saber qué gusto tiene la crueldad cuando atraviesa el lenguaje y se instala en el sentido común de la máxima autoridad de un país.

Por eso nos eligieron a nosotros y pusieron como Presidente a alguien que pasó 51 años de su vida sin tener contacto alguno con esta colonia de leprosos que es la política.

Nos importa un rábano la opinión de los políticos sobre casi todos los temas.

Cualquiera que quiera defender estas ideas espalda con espalda con nosotros es bienvenido, sea quien sea y haya estado donde haya estado, pero las ideas no se negocian.

Somos el gobierno que en el primer año tiene el mejor nivel de imagen y confianza después de haber hecho el ajuste más grande de la historia de la humanidad.

La única forma de combatir al socialismo es desde la derecha. El extremo centro, sus posiciones y sus herramientas son siempre y en todo lugar funcionales a la izquierda criminal.

Todos aquellos tibios que quieren ir por el medio, lo único que hacen es regalarle terreno a la izquierda.

Bienvenidos, otra vez, a la era de la crueldad.

Desunidos y polarizados: redes sociales, burbujas ideológicas y sesgos de confirmación

El espíritu de la época es de pasiones tristes.
François Dubet

En la era digital, las redes sociales han transformado profundamente la manera en que las personas se informan y participan en el debate público. Esta transformación ha generado una fragmentación que refuerza la polarización política y social.

Para el sociólogo británico William Davies, los políticos han comenzado a competir en las redes sociales no tanto por argumentos racionales, sino por provocar una reacción afectiva. Las razones importan cada vez menos, y las reacciones viscerales y automatizadas tienen mejor *engagement*. En esa línea, el arquetipo del Joker, aquel que consigue una respuesta visceral y emocional, se ha vuelto el ideal para captar la atención. Un héroe popular, deshistorizado y, por ende, genuino. En este sentido, las plataformas priorizan las emociones intensas por encima del contenido informativo, lo que lleva a una distorsión del mensaje político.

Bob Woodward y su colega del Washington Post Carl Bernstein se hicieron mundialmente conocidos por el Watergate, la investigación que terminó con la renuncia de Richard Nixon el 9 de agosto de 1974. Woodward señaló que los medios viven una era en la que «la impaciencia, la velocidad y el resumen» lo dominan todo. Así, convertimos a los lectores y lectoras en consumidores de atención, no de conocimientos. En ciudadanos atentos, pero no informados. Eso, naturalmente, tiende a que nos vinculemos con quienes piensan como nosotros, reforzando el fenómeno de burbujas ideológicas. Allí, los miembros de esa burbuja exponen —únicamente— las opiniones previamente ya constituidas, que refuerzan estas creencias previas, y, en efecto, los prejuicios. Todo ello, además, alimenta los sesgos de confirmación.

Los algoritmos de las redes sociales son, en gran parte, responsables de esta tendencia, ya que priorizan contenido que genera más interacciones, usualmente alineado con las preferencias previas del usuario, como razona Cass Sunstein, ex director de la Oficina de Información y Asuntos Regulatorios (OIRA) en la administración Obama. Esta lógica fomenta lo que se conoce como polarización afectiva: un término que describe no solo el desacuerdo político, sino el creciente antagonismo emocional entre los miembros de diferentes grupos ideológicos.

Esta forma va más allá de las diferencias ideológicas y se convierte en una hostilidad entre grupos. Es una fragmentación digital que nos aleja de la construcción de una esfera pública robusta, donde la reflexión y el debate de ideas priman por sobre las diferencias para llegar a grandes acuerdos. Es decir, donde el debate racional y el consenso social son los principios rectores, como la concebía el filósofo alemán Jürgen Habermas, uno de los intelectuales europeos más respetados del siglo xx. Por el contrario, nos encontramos con una realidad digital donde prima el espectáculo y la confrontación.

Pero mucho antes de que los algoritmos de las redes sociales dominaran y condicionaran nuestra cotidianeidad, Guy Debord —filósofo y cineasta francés— ya advertía en la década de los sesenta sobre el advenimiento de una sociedad del espectáculo, donde el valor de las ideas se mediría en términos de su impacto visual o emocional, en lugar de por su contenido intelectual o ético. En este contexto, las redes sociales se han convertido en la arena perfecta para la proliferación de lo que Debord describió como el «espectáculo» moderno: imágenes y mensajes diseñados para entretener, provocar y mantener la atención, más que para informar o educar. Algo que, más de medio siglo después, Woodward confirma.

Hartmut Rosa añade otro nivel de análisis al sugerir que, como sociedad, seguimos buscando formas de conseguir vidas «que merezcan la pena», a pesar de la aceleración y la fragmentación. Un tono más optimista, claro. Sin embargo, las redes sociales y los medios actuales parecen hacer que nos alejemos de esa búsqueda, promoviendo en cambio ciclos de información acelerada que contribuyen a una percepción superficial del mundo. Byung-Chul Han refuerza esta idea al hablar de la «sociedad del cansancio», donde la sobreexposición a estímulos y la constante necesidad de estar informados nos agota, nos lleva a la saturación, haciendo que muchas veces busquemos la confirmación —y reafirmación— de nuestras creencias en lugar de una comprensión profunda y matizada.

En su libro *La mente de los justos*, Jonathan Haidt, reconocido psicólogo social estadounidense, señala que el tribalismo político «se alimenta de nuestras intuiciones morales». En ese sentido, explica que, una vez que estamos emocionalmente comprometidos con nuestro grupo, nuestras creencias no solo endurecen, sino que también nos volvemos más hostiles hacia quienes pertenecen al grupo contrario. Lógica comunitaria y sesgos de confirmación.

La polarización afectiva y el tribalismo digital son fenómenos crecientes en las sociedades hiperconectadas. Ambos están claramente exacerbados por el uso intensivo de las redes sociales. Estos conceptos reflejan cómo las divisiones políticas y sociales ya no se limitan a diferencias ideológicas, sino que se han convertido en profundas divisiones emocionales y culturales. En todo caso, cabe pensar el tribalismo como una forma cada vez más presente entre nuestros afectos, nuestros vínculos y nuestros mecanismos de relacionamiento. En otras palabras: en nuestra cotidianeidad. Sin embargo, está claro que los efectos de este tipo de polarización son más intensos que los de la simple disonancia de ideas, ya que implican un rechazo personal y visceral hacia los miembros del otro grupo. Una vuelta a lo que el filósofo alemán Carl Schmitt entendía por enemigo: una amenaza existencial para el propio grupo, pero no necesariamente alguien moralmente «malo» o estéticamente «feo».

Como explicaba el sociólogo y crítico cultural estadounidense Neil Postman en *Amusing Ourselves to Death* a mediados de la década de los ochenta, la televisión transformó el discurso público en entretenimiento, reduciendo la capacidad crítica del espectador y simplificando la complejidad de los problemas sociales; y sus soluciones. La combinación de estos factores ha exacerbado la polarización afectiva.

Un fenómeno que Liliana Mason analiza en *Uncivil Agreement*, donde revela cómo las identidades partidistas en EE. UU. se han vuelto cada vez más estrechamente vinculadas a otras dimensiones identitarias, como la raza, la religión o el lugar de origen. No es una novedad, claramente, pero sí hay un fortalecimiento de esa lógica. Este entrelazamiento de identidades ha intensificado la hostilidad entre grupos, al punto de que las diferencias políticas ya no se perciben como simples divergencias de opinión, sino como amenazas a la propia identidad de las cuales hay que protegerse. Así, las discusiones, cada vez más ásperas, se convierten en meras guerras de posiciones identitarias y no en intercambios enriquecedores. Sucede en una mesa familiar, traspasa la conversación pública y se refleja en el debate político.

En EE. UU., con la aparición de Trump y el aumento de la polarización, se ha comenzado a investigar cómo este fenómeno ha penetrado en el seno de la sociedad y ha proliferado más allá de la arena política. Un estudio realizado por las universidades de California en Los Ángeles (UCLA) y de Washington en Seattle, publicado en la revista *Science* en 2018, reveló hasta qué punto la polarización política puede deteriorar los vínculos familiares. Analizaron datos de más de diez millones de ciudadanos y concluyeron que las comidas familiares en las que se reúnen personas con ideologías diferentes se acortan en contextos de alta polarización política. El estudio se basó en la cena de Acción de Gracias de 2016, en las semanas posteriores a las primeras elecciones presidenciales que ganó Trump.

En España, esa lógica de vinculación también ha aumentado significativamente en la última década y media. Mariano Torcal, catedrático en Ciencia Política de la Universidad Autónoma de Madrid y doctor por la Ohio State University, lo corrobora en su obra *De votantes a hooligans* (2023). A pesar de que España se había mantenido en una posición distante comparada con otras naciones altamente polarizadas, Torcal muestra este crecimiento y la forma en la que esta lógica se ha insertado en el seno de la sociedad española y de la conversación pública. En ese sentido, explica que el aumento de la polarización en España ha sido significativo especialmente desde 2015, cuando se produjo un «terremoto electoral» marcado por la fragmentación del sistema político y la emergencia de nuevos partidos como Podemos y Ciudadanos. En consecuencia, desde entonces la polarización afectiva y la ideológica han mostrado un incremento notable en este período, lo que ha colocado a España en niveles superiores de polarización que otros países europeos.

Un aspecto destacado por Torcal es que, a pesar del incremento en la polarización ideológica, el extremismo ideológico no ha seguido la misma tendencia. Los españoles no han mostrado un aumento significativo en sus posiciones extremas en términos de ideología, sino que la polarización ha sido más una cuestión de percepción de distancia entre los partidos. Es decir, los votantes ven a los partidos más alejados entre sí, pero no necesariamente han adoptado posiciones más radicales ellos mismos. Algo que invita a pensar que ese extremismo ideológico es principalmente un fenómeno alimentado por las élites políticas y su discurso. Nuevamente, el diálogo entre el palacio y la calle encuentra una fisura en la línea.

El tribalismo digital es el caldo de cultivo perfecto para esta polarización. Según Sherry Turkle en *En defensa de la conversación*, de 2017, la sobreexposición a las redes sociales ha deteriorado nuestra capacidad para dialogar con quienes piensan diferente. El umbral de tolerancia hacia ideas contrapuestas se posiciona cada vez más abajo. Así, en lugar de participar en conversaciones abiertas, las personas tienden a rodearse de aquellos que refuerzan sus creencias, lo que crea un ciclo de aislamiento y radicalización. Este fenómeno no solo afecta al ámbito político, sino también a las relaciones personales y familiares, erosionando la empatía y la capacidad de escuchar al otro.

Desde una perspectiva neurocientífica, el sesgo de confirmación encuentra su base en la forma en que nuestro cerebro procesa la información. Daniel Kahneman, en *Pensar rápido, pensar despacio,* explica que los seres humanos tendemos a favorecer la información que confirma nuestras creencias debido al funcionamiento de lo que llama el «Sistema 1», un sistema rápido e intuitivo que busca reducir la disonancia cognitiva. Este sesgo cognitivo es particularmente peligroso en el contexto de las redes sociales, donde la exposición selectiva a información sesgada puede llevar a la radicalización y a la creación de percepciones erróneas de la realidad. Una psicosis que se alimenta y retroalimenta simultáneamente y en bucle.

Por otro lado, Haidt argumenta que, a nivel psicológico, nuestras opiniones políticas y morales no se basan principalmente en el razonamiento lógico, sino en intuiciones emocionales. Las redes sociales amplifican estas intuiciones emocionales al exponer a las personas a contenido que refuerza sus valores morales, lo que dificulta el diálogo constructivo y la apertura a nuevas ideas. Este fenómeno refuerza lo que Haidt llama «pensamiento en equipo», donde las personas se alinean con su grupo ideológico y se muestran hostiles hacia los demás.

Este panorama nos obliga a reflexionar sobre los desafíos que enfrentamos en una sociedad hiperconectada pero cada vez más dividida. Para revertir esta tendencia, es necesario promover una cultura digital que fomente el diálogo informado, el pensamiento crítico y la empatía hacia aquellos que piensan diferente. Es cierto, en un mundo acelerado y con la vorágine de la cotidianeidad esta tarea se vuelve ardua. Pero en la responsabilidad y buen uso de la palabra, es decir en manos (y boca) de la dirigencia política, se vuelve un imperativo ético.

En este contexto, el desafío consiste en encontrar formas de mitigar los efectos negativos de las redes sociales y fomentar un uso más responsable y reflexivo de estas plataformas. Algunos autores, como la investigadora de los nuevos medios Jo van Dijck, son partidarios de impulsar una «alfabetización digital crítica», que permita a los usuarios ser conscientes de cómo funcionan los algoritmos y cómo influyen en su consumo de información. Del mismo modo, Cass Sunstein sugiere la implementación de cambios regulatorios en las plataformas para diversificar las fuentes de información a las que tienen acceso los usuarios, rompiendo así las burbujas ideológicas. Lejos de suponer una posición naíf, estos esfuerzos constituyen ejercicios cada vez más necesarios para que la rueda del hámster no nos devore como comunidad.

Es, por lo tanto, crucial promover una cultura que valore el diálogo, la empatía y el pensamiento crítico, en lugar de la polarización y el tribalismo. Aunque cueste. Aunque sea poco rentable en estos días. Solo de esta manera podremos construir una esfera pública que, en palabras de Habermas, se base en el intercambio racional y constructivo de ideas, y no en el espectáculo emocional.

2. La insoportable levedad del lenguaje político

Anatomía de un sentimiento: ¿de qué están hechos los discursos políticos que amamos u odiamos?

En una época de engaño universal, decir la verdad es un acto revolucionario.
George Orwell

Más allá de las afinidades ideológicas que cada uno pueda tener con el orador al que está escuchando —lo cual genera una adhesión o rechazo automático dependiendo del caso— es imprescindible que nos preguntemos por qué nos quedamos viendo un discurso, casi hipnotizados, frente a la pantalla del móvil o del televisor. ¿Qué hace, por el contrario, que no aguantemos ni cuatro segundos? ¿Es creíble? ¿Me emociona? ¿Me interesa lo que dice?

El trípode conceptual de percepción (sentidos), sentimientos (emociones) y conocimiento (pensamientos) es la clave de bóveda para descifrar aquello que vemos y escuchamos y discernir en ese efímero instante qué decisión tomamos: si seguimos con la vista fija en la pantalla o nos vamos rápido al siguiente estímulo visual.

Ahí es cuando se nos enciende la silenciosa y siempre latente maquinaria narrativa. Es la maquinaria de creación de sentido común. Palabras, gritos, insultos, silencios, gestos… Todo se mezcla en una coctelera gigante llamada discurso público, cuyo motor principal es el lenguaje.

El discurso público lo hacemos entre todos, todos los días. En el bar, en el colegio, en la oficina, en la universidad, en el transporte público. Hablamos, callamos, escribimos, sentimos, pensamos, dudamos. Hasta cuando dormimos y soñamos estamos elaborando un discurso, construyendo una narración onírica de algo que está alojado en el subconsciente. En definitiva, somos máquinas de narrar. Porque somos lo que nos contaron. Somos lo que nos contamos. Y somos, en tanto y en cuanto, nos sigamos contando.

El consultor político y asesor en comunicación Antoni Gutiérrez Rubí destaca en su libro *Gestionar las emociones políticas* la importancia del relato como sostén esencial de las vivencias compartidas en una comunidad.

> Lo interesante de un relato en política, de convertir una historia en algo vivo que evoluciona y cuyo mensaje queda en el cerebro de quien lo escucha, es que se percibe, generando una emoción que es recordada, y por tanto, compartida. Es la recuperación de la palabra como pilar. Palabras que generan imágenes, consolidan marcos conceptuales previos y son la antesala de las emociones. Cuando se tiene claro el relato es mucho más sencillo establecer esas palabras, mensajes directos, cortos y concisos, que refuerzan la narración).

Si hablamos de relatos asociados a las campañas electorales, por ejemplo, veremos que la fuerza de la palabra se condensa fácilmente a través de frases que permanecerán en la memoria colectiva por décadas. En la fase electoral el tiempo escasea y la batalla por la atención de nuestros electores es crucial. Hablo para convencer, comunico para ganar. En este campo, no hay quien haya sido más eficaz en los últimos años que los populismos de extrema derecha. Por solo mencionar algunos ejemplos recientes:

- En 2016, en EE. UU., Donald Trump: «Construyan ese muro» (para impedir la llegada de inmigrantes) y «Enciérrenla» (en alusión a Hillary Clinton).
- En 2016, en la campaña del Brexit, sus partidarios clamaban por «volver a tomar el control».
- En 2018, Jair Bolsonaro: «Brasil por encima de todo. Dios, encima de todos».
- En 2021, Giorgia Meloni apelaba al eslogan fascista de «Dios, patria y familia».
- En 2023, Javier Milei: «La casta tiene miedo», y el célebre: «Viva la libertad carajo».
- En 2024, en un mitin en Murcia, Santiago Abascal pedía «más muros y menos moros».
- En 2024, en el debate electoral con Kamala Harris, Trump señaló que «en Springfield los inmigrantes se comen a los perros y a los gatos».

La fórmula es sencilla: frases cortas, directo a las tripas, pura dopamina. El atajo retórico también es simple: promete resolver problemas complejos de manera rápida, casi por arte de magia. Y la mayoría de ellos prometen el regreso a un pasado glorioso que nunca existió, pero que es preferible al presente de caos y desesperanza.

En ese futuro nostálgico, América es grande otra vez, los inmigrantes pobres se quedan en sus lugares de origen, las mujeres se ocupan de las tareas del hogar, las fábricas vuelvan a echar humo negro porque el cambio climático es un invento de los progres. Y el poder vuelve a los que tenían el control.

El propio Javier Milei contó en una entrevista cuál fue el principal consejo que le dio Mauro Viale, un veterano periodista argentino, para captar la atención del público ni bien comenzaba a estrenarse en los platós de televisión:

> Me dijo que esto era como un round de box. Tenés tres minutos para contar una idea y en el primer minuto tenés que meter una piña *knock out*. Si al conductor le gusta, agarrás vuelo y explicás más.

Y vaya si gustó. No solo al conductor, sino a más de 14.5 millones de ciudadanos que lo eligieron presidente del país en la segunda vuelta electoral del 19 de noviembre de 2023.

Divide y reinarás

No hay nada más viejo en la política que trazar una línea roja entre los buenos y los malos, los propios y los otros. Es una clara estrategia de acumulación de poder y delimitación conceptual: dónde están mis apoyos y dónde mis detractores.

También tiene un correlato explícito en el andamiaje narrativo que sostiene todo relato político, ya que es indispensable antagonizar y generar una disputa por el sentido común para mantenerse vivo y expectante en esa arena movediza permanente que es la discusión pública contemporánea.

El ensayista Dardo Scavino lo pone en estos términos:

> Así como cualquier oración puede dividirse entre sujeto y predicado sin importar qué está diciendo, cualquier narración política, sea de izquierda o de derecha, moderada o extremista, pragmática o idealista, y más allá de las intenciones del narrador del momento, establece una distinción entre enemigos y amigos, entre defensores del *statu quo* e insurgentes, entre el poder y los rebeldes, entre el rebaño y el pueblo, entre consenso y pensamiento.
>
> Y lo hace denunciando una situación actual, exhortando a los amigos a la rebelión y la lucha y prometiendo el triunfo final de los aliados o el restablecimiento de la auténtica comunidad o del pueblo liberado.

Scavino identifica además tres momentos clave en todo «combate narrativo»: la denuncia, la exhortación y la promesa, independientemente de qué sistema denuncie, a qué sujetos exhorte y qué triunfo les prometa. Y concluye: «Quien no aclara contra qué, o quiénes, se rebela, apenas si está declarando su condición de animal político».

Un insulto vale más que mil palabras

El riesgo, como siempre y en todos los órdenes de la vida, son los excesos. La línea que divide esa gramática política adversativa de los discursos polarizantes irreconciliables es muy estrecha, casi invisible.

Y ahí, en esa zona de turbulencia discursiva, estamos parados en la actualidad. En España, por ejemplo, el ministro de transporte Óscar Puente llamó al agitador de ultraderecha Vito Quiles «saco de mierda», para luego agregar: «Cometí un exceso verbal, pero fui descriptivo; no hay que escandalizarse».

El mismo Puente inauguró un rifirrafe entre el gobierno español y el argentino, al afirmar en una charla en la Universidad de Salamanca que el presidente Milei ingería sustancias y oía voces. Milei no tardó en contestarle. Primero acusó a la mujer de Pedro Sánchez de corrupta y luego se refirió a él como «incompetente, mentiroso y cobarde». Como consecuencia, la embajada española en el país sudamericano quedó sin representante durante cinco meses en un hecho sin precedentes en la historia diplomática entre ambos países.

Si nos quedamos en Argentina veremos que, en el país de Borges, Cortázar y Sabato, el lenguaje de la política también descendió al subsuelo de lo escatológico. La ministra de seguridad de Javier Milei, Patricia Bullrich, afirmó que el dirigente social Juan Grabois, que había sido escrachado en un aeropuerto, salió «como rata por tirante». El ministro de economía Luis Caputo no se quedó atrás con las metáforas animales y, respondiéndole a Cristina Kirchner por la red social X, declaró: «Quedate chillando tranquila que es lo máximo que podés hacer, porque no vas a volver a gobernar nunca más».

A diario comprobamos que estamos muy lejos del decoro y el recato en las exposiciones públicas. Y este clima no se reduce solo a una escalada verbal inocua: es evidente que puede derivar en acciones violentas directas, como el apuñalamiento a Jair Bolsonaro el 6 de septiembre de 2018, el intento de asesinato a Cristina Fernández de Kirchner el 1 de septiembre de 2022, o el ataque de un francotirador a Donald Trump el 13 de julio de 2024.

«El mundo de las palabras, también empobrecido, crea una representación sin alteridad en la que no es delito matar a alguien que no es humano: de ahí surge la guerra», reflexiona el neurólogo y psiquiatra francés Boris Cyrulnik, autor del libro *Cuarenta ladrones con carencias afectivas*. El escritor italiano Claudio Magris ya nos advertía de los peligros de la pauperización del lenguaje público en el libro *Cómo la puntuación cambió la historia*, del académico noruego Bard Borch Michalsen.

> El uso adecuado del lenguaje es un requisito previo para la claridad moral y la honestidad. La indecencia y un abuso violento del poder surgen cuando no se hace buen uso de la gramática y la sintaxis. [...] Esta es la razón por la cual una sola coma puede causar desastres y encender incendios capaces de destruir todos los bosques de la tierra.

En un magistral artículo, el escritor Jordi Soler relata una historia que pasó hace más de trescientos años, pero cuya vigencia es escalofriante. En 1712 apareció en Inglaterra *The Art of Political Lying*, una especie de panfleto provocador que hablaba de «el arte de hacer creer al pueblo falsedades saludables y hacerlo a buen fin». Si bien fue atribuido a Jonathan Swift, en realidad la autoría es de John Arbuthnot, quien clasificaba la mentira de los gobernantes en cuatro categorías:

- La mentira difamatoria: solo despotrica sin dar mayores explicaciones.
- La mentira por anexión: cuando el político se asigna mayor reputación de la que tiene.
- La mentira por traslación: cuando transfiere los méritos de una persona a otra.

- La mentira de comprobación: aquellas que se dejan caer, como un globo de ensayo, para sondear la credibilidad de los presentes y evaluar si tiene cabida una determinada fabulación.

Para el prestigioso diccionario de Oxford, el término *posverdad* fue elegido palabra del año 2016, luego del triunfo de Donald Trump y el Brexit. Lo definió así: «Relativo a aquellas circunstancias en las que apelar a las emociones y las creencias personales resulta más influyente para moldear la opinión pública que los hechos objetivos».

Hace ya casi diez años que le pusimos un nombre a esta especie de mundo al revés donde los hechos quedan relegados a un segundo plano y las emociones y las creencias personales terminan definiendo qué es verdad y qué no.

¿Hay algo más dañino para las democracias y la convivencia en sociedad que la mentira? Sí, el mentiroso al que no le interesa transformar su mentira en verdad, sino que persigue un objetivo más perverso: mentir para hacer daño y socavar la integridad de su oponente.

Hannah Arendt lo dejó escrito con una claridad meridiana:

> Mentir constantemente no tiene como objetivo hacer que la gente crea una mentira, sino garantizar que ya nadie crea en nada.

Charlatanes de feria que son presidentes

A los setenta y seis años, en 2005, el filósofo estadounidense Harry Frankfurt publicó un libro que lo llevaría a tener una enorme popularidad: *Bullshit*. En realidad, se basaba en un artículo académico que el mismo autor había escrito en 1986, pero que casi no había tenido trascendencia.

El contexto lo explica todo. Tuvo que llegar George Bush al poder y hablar de las armas de destrucción masiva de Sadam Hussein en Irak para que el tema acaparase la atención de la opinión pública.

Así fue como Frankfurt conoció el éxito editorial con un tema que hoy es medular en el debate público contemporáneo: la deshonestidad como recurso retórico que dinamita las relaciones sociales y destruye la confianza hasta hacer imposible la vida en comunidad.

Él esculpe un concepto, *bullshit,* que se podría traducir como «charlatanería», y que diferencia de la «mentira». Para Frankfurt, el mentiroso engaña a sabiendas de que está ocultando la verdad; mientras que el que hace *bullshit* lo hace únicamente con el fin de herir, de manipular, de confundir. En esta lógica, discernir entre verdad y mentira no tiene ningún interés. Aquí también reside la crueldad.

Una clara muestra de *bullshit* se produjo el 22 de enero de 2017, pocos días después de la primera toma de posesión de Donald Trump, cuando la consejera del presidente, Kellyane Conway, durante una entrevista televisiva avaló una declaración falsa del secretario de Prensa de la Casa Blanca, Sean Spicer, alegando que había dado «hechos alternativos» al referirse a la cantidad de personas que habían asistido a la investidura presidencial. A lo que el entrevistador, Chuck Todd, señaló: «Mira, los hechos alternativos no son hechos, son falsedades». En el prólogo del memorable libro *El poder y la palabra,* Miquel Berga cuenta:

> La reacción inmediata de muchos fue calificar el paradójico concepto de «orwelliano» por su conexión con los métodos del Ministerio de la Verdad en la novela *1984*. La cuestión disparó de manera espectacular las ventas del libro de Orwell, quien consiguió su enésima victoria póstuma al convertirse su última obra en el libro más vendido en EE. UU. a dos semanas de la toma de posesión de Donald Trump.

En el libro de 1987 *Trump: The Art of the Deal,* Donald Trump ya utilizaba la expresión «truthful hyperbole» (hipérbole veraz) como «una forma inocente de exageración y... una forma efectiva de promoción». De hecho, allí afirmaba también que «la gente quiere creer que algo es lo más grande y lo más grandioso y lo más espectacular». El propio *ghostwriter* del libro reconoció que cuando incluyó esa frase a Trump «le encantó».

En definitiva, en palabras de Frankfurt, el charlatán «no rechaza la autoridad de la verdad, como hace el mentiroso, oponiéndose a ella. Simplemente no le presta atención. En virtud de esta circunstancia, hablar *mierda* es para la verdad un enemigo más poderoso que la mentira».

De la crisis a las crisis

> La gente que tiene hambre y está desempleada es el material con el que se hacen las dictaduras.
> **Franklin D. Roosevelt**

Las crisis se van enlazando unas con otras. Se refuerzan mutuamente y ya no somos capaces de distinguir si la que predomina es una crisis ecológica, política, social, económica o civilizatoria.

Como dice la filósofa catalana Marina Garcés: «Vivimos en una nueva intemperie: la de un mundo en el que no nos podemos proteger. Nadie está a salvo, ni quien se encierra en una pequeña comunidad de propietarios».

La crisis de la narración

La inflación no es solo una variable para analizar la macroeconomía de un país, también podemos usar ese término al hablar de las narraciones. Así lo hace el filósofo Byung-Chul Han al advertir que estamos atravesando una nueva era, la *era posnarrativa,* donde el calendario pierde su carácter narrativo, la temporalidad lineal tal cual la conocíamos ya no cuenta nada y se convierte en una agenda vaciada de sentido.

> Hoy todo el mundo habla de narrativas. Lo paradójico es que el uso inflacionario de las narrativas pone de manifiesto una crisis de la narración misma. Está haciendo furor la moda del *storytelling,* que es el arte de narrar historias como estrategia para transmitir mensajes emocionalmente, pero lo que hay tras esa aparatosa moda es un vacío narrativo, que se manifiesta como desorientación y carencia de sentido.

En su libro *La crisis de la narración,* Han enfatiza que las narraciones son generadoras de comunidad; el *storytelling,* en cambio, solo crea *communities,* es decir, consumidores solitarios que no conforman una comunidad.

Han justifica su tesis diciendo que es el capitalismo quien recurre al *storytelling* para adueñarse de la narración. Además, apunta que en la época donde todo pasa por los *smartphones,* estos no son un medio para narrar:

no hay gesto narrativo en teclear o deslizar el dedo, no hay empatía posible, solo configura un intercambio acelerado de información.

Y recuerda que para narrar hace falta que se escuche atentamente. ¿Estamos dispuestos a frenar para escuchar al otro? Pareciera que no. Solo atinamos a resolver problemas, a esquivar urgencias, a surfear la policrisis. Así, el relato deja de ser una experiencia compartida y el futuro solo es una amenaza que puede canalizarse individualmente porque la política (la casta, en términos de Milei) es esa máquina que impide a las personas desarrollar todo su potencial. Por eso se privatizan también las biografías personales y las nuevas plataformas tecnológicas obligan a que cada uno sea su propia marca, a crear su propio personaje, a diseñar su propia ficción.

En palabras de Garcés:

> Más que un yo fuerte, como el de la Modernidad, vivimos con un yo hipertrofiado, que se autofagocita. Las redes han alimentado esta visión. Vivimos una inflación del yo alimentada por el hecho de no saber cómo pensar el mundo. El yo es el único mundo posible en una sociedad incierta que imposibilita los lugares comunes.

La crisis del progreso… y del progresismo

Si la globalización no ha sido capaz de tejer una comunidad de cooperación y solidaridad, si los estados son impotentes ante demandas cada vez más urgentes, si las Naciones Unidas ya no unen, si las redes sociales aíslan y no fomentan la interacción social, ¿hacia dónde caminamos?

El pensador francés Edgar Morin, que pasados los cien años no deja de buscarle un sentido al mundo que le rodea, subraya que estamos balizando el camino a la autodestrucción de la especie, creando sociedades de sumisión que podrían calificarse de neototalitarias:

> Cabe señalar —aunque es difícil de concebir— que el progreso del conocimiento, al multiplicarse y compartimentarse mediante barreras entre las distintas disciplinas, ha provocado un retroceso del pensamiento que se ha vuelto ciego. Ligado al dominio del cálculo en un mundo cada vez más tecnocrático, el progreso del conocimiento es incapaz de concebir la complejidad de lo real, y especialmente de las realidades humanas. Esto conduce a un retorno al dogmatismo y al fanatismo, así como a una crisis de la moral por el auge del odio y la idolatría.

¿Pero cuándo empezó a romperse lo que creíamos estable? ¿Cuándo empezó a torcerse el curso de la historia? La filósofa italiana Donatella Di Cesare arriesga una fecha bisagra.

> El 11-S fue un punto de inflexión. Ya no logramos descifrar la historia, entender lo que vendrá. Desaparece la idea de la modernidad: que iremos siempre a mejor. Ahí comienza el resquebrajamiento del siglo XXI. Lo que viene después es un cisne negro tras otro: la crisis económica, la guerra, la pandemia... Cunde la idea de que desaparece el progreso.

Para Antón Costas, doctor en economía y presidente del Consejo Económico y Social de España (CES), el contrato social que reunía economías dinámicas y sociedades armoniosas empezó a resquebrajarse antes, en los años noventa.

> El descarrilamiento del capitalismo democrático y la incapacidad de los partidos tradicionales para corregir su deriva desigualitaria han creado de nuevo «el material sobre el que se hacen las dictaduras»: inseguridad económica, pobreza extrema, en particular la pobreza de niños, falta de vivienda para la emancipación y una vida digna, la necesidad de buenos empleos. Todo ello crea sentimientos de humillación, falta de respeto y pérdida de reconocimiento social para aquellos que padecen esas condiciones de privación. De ahí nace el resentimiento social que alimentan los nuevos fascismos.

La crisis de las identidades

El filósofo francés Olivier Roy escribió *El aplanamiento del mundo,* un libro imprescindible para entender las guerras culturales y la política de la identidad. Roy plantea que «a diferencia de lo que ha ocurrido en otros momentos, vivimos un proceso de desculturización sin que haya una nueva cultura que venga a sustituir la que desaparece». Una especie de reactualización de aquella frase de Antonio Gramsci: «El viejo mundo se muere, el nuevo tarda en aparecer. Y en ese claroscuro surgen los monstruos».

En palabras del politólogo búlgaro Ivan Krastev: «Si el hogar es un lugar donde sientes que te entienden, ahora vivimos en un mundo sin hogar. La utopía cosmopolita donde todo el mundo se siente en casa se ha visto suplantada por el miedo a que nadie esté en su casa en su propio país».

Otro elemento distintivo del libro de Roy es la muerte de las utopías, al advertir que «el activismo climático intercambia utopía por nostalgia; también es pesimista la visión de los ultracatólicos, de los evangélicos y los yihadistas».

La crisis del éxito

Daron Acemoglu, economista turco, ganador del Nobel de Economía junto a sus colegas Simon Johnson y James Robinson por sus estudios sobre la desigualdad de las naciones, lo dijo sin tapujos: «Los ricos no deberían ser los héroes de la sociedad, pero lo están siendo». De esta manera, multimillonarios, sobre todo tecnológicos, como Elon Musk, Jeff Bezos, Mark Zuckerberg y Bill Gates, no solo están entre las personas más ricas de la historia de la humanidad, sino que además son excepcionalmente poderosos.

> Lo que importa aún más que la simple riqueza es que estos multimillonarios en particular son vistos como genios empresariales que exhiben niveles únicos de creatividad, osadía, visión de futuro y experiencia en un amplio rango de temas. Si a esto le sumamos que muchos de ellos controlan medios de comunicación importantes —concretamente, las plataformas de redes sociales clave—, estamos frente a algo que prácticamente no tiene parangón en la historia reciente. Si los multimillonarios irresponsables ya ejercen demasiada influencia social, cultural, política indebida, lo último que deberíamos querer es darle foros públicos aún mayores —como el que obtiene Musk de X, su propia red social—.

> En su lugar, deberíamos buscar medios institucionales más fuertes para limitar el poder y la influencia de quienes ya son privilegiados, así como reconsiderar las políticas impositivas, regulatorias y de gasto que crearon semejantes disparidades gigantescas de rentas, para empezar.

Cuando los estados comienzan a fracasar en las respuestas que dan a la ciudadanía y son percibidos más como obstáculos que como facilitadores, la grieta entre representantes y representados comienza a ensancharse y las soluciones que vislumbran los ciudadanos están cada vez menos vinculadas a las instituciones.

Por lo que no es descabellado que cada vez más personas crean que la salida es individual, que la única alternativa al laberinto de su propia decadencia es el «sálvese quien pueda». Socializan la problemática (la culpa es del gobierno, del inmigrante, de la cultura *woke*, de la ideología de género, de la Unión Europea, de Putin, de China) y privatizan la solución.

La economía de plataformas, por ejemplo, es una muestra formidable de cómo cientos de miles de jóvenes encuentran en aplicaciones como Uber, Cabify o Glovo opciones tentadoras para ganarse la vida sin rendirle cuentas a nadie más que a su propio cuerpo. Se sienten más libres siendo explotados por un algoritmo creado en la costa oeste norteamericana que por un jefe tradicional. Pero no se imaginen solamente a una persona pedaleando doce horas, piensen en la cantidad de nuevos «emprendedores digitales» que tienen como nuevos «jefes» a plataformas como YouTube, Spotify o Twitch. Late una idea que la propia escritora ultraliberal Ayn Rand, idolatrada por muchos de los nuevos multimillonarios de Silicon Valley, desplegó a lo largo de toda su obra.

> El gran Atlas neoliberal que imagina Rand carga sobre sus espaldas el peso parasitario de la sociedad entera, de todos los vagos, los subsidiados y los incapaces que viven a costa de su talento, de su abnegación y de su esfuerzo. En última instancia, la solución randiana al conflicto social y la desigualdad está claro: los superhéroes deben abandonar a los débiles y fundar una nueva sociedad hipercapitalista (Bustinduy y Lago, 2024, p.89).

Warren Buffett, una de las personas más ricas del mundo, lo dijo tan claro que no necesitó ni media metáfora: «Claro que hay lucha de clases, pero es mi clase, la clase rica, la que está haciendo la guerra, y la estamos ganando».

La crisis del trabajo

La historia de la literatura está repleta de autores que le dedicaron libros a lo virtuoso que sería si nos tomáramos la vida de otra manera, más cerca de la pausa y la reflexión que de la vorágine y la pulsión del «tener» sobre el «ser». Desde Cicerón, Séneca o Thoreau hasta Bifo Berardi, Nuccio Ordine o Azahara Alonso.

De hecho, hace más de noventa años, el filósofo y matemático inglés, Bertrand Russell ya nos advertía en *Elogio de la ociosidad* de que algo estábamos haciendo mal si vivíamos para trabajar y no trabajábamos para vivir, y proponía entonces una jornada laboral de cuatro horas.

«Los métodos de producción modernos nos han dado la posibilidad de la paz y la seguridad para todos; hemos elegido, en vez de esto, el exceso de trabajo para unos y la inanición para otros», escribió en 1932.

En 2023, el gobierno de Corea del Sur quiso incrementar el máximo legal de horas de trabajo y pasar de 54 a 69 horas semanales. Pero se encontró con la resistencia de la opinión pública, sobre todo de los jóvenes y obligó al presidente Yoon Suk Yeol a retirar el plan. En un reportaje del New York Times, donde analizaba cómo iba a repercutir este cambio en la estructura social coreana, Lee Sang Yoon, subdirector de política de la Federación de Organizaciones Sindicales Coreanas reconoció que «existe una mentalidad cultural según la cual cuanto más tiempo se trabaje, mejor será el resultado».

Fue el pensador surcoreano Byung-Chul Han quien le puso palabras a esta situación en su célebre libro *Vida contemplativa: elogio de la inactividad:* «Dado que solo percibimos la vida en términos de rendimiento, tendemos a entender la inactividad como un déficit». El periodista Derek Thompson le puso un nombre a esta especie de nueva religión: el *workismo,* es decir, el trabajo como el único lugar del que nos sentimos parte, la ocupación laboral como lo único que nos da sentido. ¿Y qué pasa cuando lo único que le da sentido a tu vida es algo que te consume cada vez más tiempo y te retribuye de peor manera?

La crisis de la democracia

¿Y si la democracia ya no importa? ¿Y si lo que creíamos imprescindible ya no es más que un tesoro añorado por algunos nostálgicos? Estas preguntas retumban como un eco cada vez que un nuevo populismo autoritario se impone en las urnas de cualquier país.

El historiador norteamericano Timothy Snyder, profesor de la universidad de Yale, autor del libro *Sobre la tiranía* habla de tres factores principales que están erosionando las democracias contemporáneas: la desigualdad radical, las redes sociales y la coalición de actores antidemocráticos hostiles y a veces bastante eficaces. Resume Snyder:

> En los últimos 30 años, la gente se convenció de que la democracia era un mecanismo. Y no es realmente un mecanismo. Es más un compromiso existencial cotidiano. Es algo que tenemos que hacer, una actividad. Y una de las causas del clima democrático es que lo hemos olvidado. La democracia es algo que tenemos que hacer.

Las inundaciones que devastaron gran parte de la provincia de Valencia a finales de 2024 a causa de la DANA fueron un laboratorio sociológico para comprender qué pasa cuando la rabia del ciudadano común se expresa sin las intermediaciones que el Estado suele tener para amortiguar los descontentos.

Durante una retransmisión de Antena 3 desde la localidad de Sedaví, una de las afectadas por el temporal contaba que se sentían desamparados por la falta de ayuda del Estado. «Nosotros, el propio pueblo, estábamos ayudando», señaló. La frase ya se venía repitiendo desde hacía días en las redes sociales bajo el eslogan «Solo el pueblo salva al pueblo». A los pocos minutos, se sumó otro testimonio, el de un joven, muy indignado, que no dudó en afirmar que el dictador Francisco Franco «tenía razón» con el Plan Sur, en referencia a un plan de infraestructura diseñado en los años sesenta para desviar el cauce del río Turia. «No me voy a cortar de nada. Los gobiernos son los mayores culpables. Esto es un genocidio, que lo sepáis», concluyó.

En la misma cadena, pero con unas horas de diferencia, la tónica era similar. En este caso, dos jubilados también evocaron al dictador sugiriendo que «con él habría más democracia y un gobierno más eficaz».

El domingo 3 de noviembre la tensión escaló al máximo nivel cuando el presidente del Gobierno Pedro Sánchez, los reyes y el president de la Generalitat Carlos Mazón intentaban recorrer un barrio de la localidad valenciana de Paiporta. La gente los recibió al grito de «asesinos», les tiraron barro y los agredieron con palos y piedras. Pedro Sánchez debió retirarse del lugar antes de que lo lincharan. Al día siguiente, desde el entorno de la asociación ultraderechista Revuelta reivindicaron el ataque y el sindicato de Vox ofreció sus servicios jurídicos a quienes patearon el vehículo oficial del presidente.

Según pudo reconstruir *Eldiario.es,* Adrián Campos, que se presenta como «voluntario» de una suerte de delegación valenciana de Revuelta, comentó en un grupo de WhatsApp: «Estamos los de mi asociación aquí, les hemos destrozado el coche, pero solo le hemos podido dar con un palo en la espalda. […] No sé qué habrá pasado después pero de nuestra zona ha salido vivo».

La crisis del lenguaje

Da igual la ciudad. El país. El continente. El modus operandi es el mismo. El lenguaje está en crisis cuando lo que puede cohesionar termina dividiendo y lo que puede ayudar a construir termina lastimando. Detengámonos en algunos casos recientes:

- **Springfield, Ohio, EE. UU. Agosto de 2023**. Un niño de once años muere en un accidente de tráfico protagonizado por un conductor haitiano. «Ojalá a mi hijo lo hubiera matado un hombre blanco de sesenta años. Ya nos habrían dejado en paz», dijo su padre Nathan Clark para que Trump dejara de usar la pérdida de su hijo como coartada electoral un año después. J. D. Vance, ya por entonces candidato a vice de Trump, escribió en su cuenta personal de X: «Un niño fue asesinado por un inmigrante haitiano que no tenía derecho a estar aquí». «¿Sabían que uno de los peores sentimientos del mundo es no poder proteger a tu hijo? Ni siquiera podemos proteger su memoria cuando ya no está. Por favor, basta de odio», suplicó el padre.

- **Dublín, Irlanda. Noviembre de 2023.** Un hombre ataca a tres niños y dos adultos con un cuchillo en el centro de la ciudad. El bulo se instala en Facebook, Telegram y WhatsApp: el asaltante es un inmigrante sin papeles y los niños han muerto. Mentira. El atacante es de nacionalidad irlandesa, pero de origen argelino, y los niños están vivos. Da igual. Empieza la violencia callejera: queman coches, tiran piedras a la policía, incendian contenedores, rompen cristales. Se ensañan especialmente con los centros de acogida de personas sin papeles. «Les une un contexto de rentas bajas, degradación de los servicios básicos, crisis de la vivienda y burbuja de alquiler. Creen que los migrantes reciben la protección, los beneficios sociales, y el acceso a la vivienda que el Gobierno niega a la población», resume la periodista Marta Peirano, que viene poniendo la lupa hace tiempo sobre estos fenómenos que mezclan desinformación y violencia planificada. Elon Musk no lo duda y tuitea a las pocas horas: «El primer ministro irlandés odia a los irlandeses», dice primero, y completa luego: «La supresión del pueblo irlandés es el verdadero crimen».

- **Southport, Inglaterra. Julio de 2024.** Un hombre atacó con un cuchillo y mató a tres niñas que bailaban canciones de Taylor Swift en una clase de música. La mentira corrió enseguida: había sido un inmigrante ilegal. Inventaron un nombre y difundieron un rostro falso. Esa noche empezaron los disturbios racistas en el Reino Unido y hubo más de mil detenidos. En realidad, el atacante fue un joven de diecisiete años, nacido en Cardiff, pero de nombre y padres ruandeses. Elon Musk tuitea en la red social de su propiedad: «La guerra civil es inevitable».

- **Mocejón, Toledo, España. Agosto de 2024**. Un hombre encapuchado asesina a Mateo, un niño de once años, en un campo de fútbol. «Magrebí», «moro» y «mena» fueron las palabras que empezaron a correr a toda velocidad en las redes sociales, acompañadas del hashtag #LasCallesDebenArderYa. Resultó que el atacante era un español blanco, mayor de edad, con un 70% de discapacidad mental. «Son ingredientes clásicos en campañas de deshumanización diseñadas para justificar actos de violencia contra grupos marginados. Pero el Movimiento ofrece un nuevo relato que trasciende el meme racista: el de una ciudadanía obligada a levantarse contra su propio Gobierno para acabar con la explotación de las élites y proteger a los suyos de una invasión», concluye Marta Peirano.

En el libro *The politics of Language,* los prestigiosos académicos de lingüística y filosofía norteamericanos David Beaver y Jason Stanley elaboran una teoría sobre el lenguaje que va más allá de la información, poniendo el foco en la importancia de la identidad social, las emociones y las prácticas de lo que decimos.

En una entrevista con *Eldiario.es* los investigadores dan cuenta de que la palabra neutral no existe y lo que se oculta tiene tanto sesgo como lo que se dice.

> Los medios intentan constantemente encontrar un vocabulario neutral, pero acaban recurriendo al que les ofrece la extrema derecha. Tome el término *alt-right* o «derecha alternativa». Los principales medios de comunicación han utilizado este término, a pesar de que fue ideado por neonazis como neutral. O utilizan la palabra «populismo» sin hacer distinción entre izquierda y derecha. Bernie Sanders no está amenazando la democracia.

Las palabras nunca son inocentes. El discurso siempre juega un rol fundamental en la propagación de la violencia a gran escala, pasando de lo retórico a lo fáctico en cuestión de minutos.

> Tenemos casos extremos, como el genocidio de Ruanda. Llamar a los tutsis `serpientes´ jugó un papel muy específico porque en Ruanda matar una serpiente es una cuestión de virilidad, es un honor matar a una serpiente. Llamar `serpientes` a los tutsis es decir que es un honor matarlos. Hay otro tipo de discurso que se asocia con la violencia masiva. Y ese

es el discurso burocrático, como el del gulag, donde, por ejemplo, a la muerte la llamaban ´pérdida de mano de obra´. De manera similar, el Holocausto nazi tuvo este elemento de discurso burocrático que de alguna manera deshumaniza y permite seguir matando. Ese es el caso extremo del discurso burocrático que etiqueta a las personas como amenazas existenciales. En Israel y Gaza en este momento también se está utilizando este discurso, es una forma clásica de preparar a la gente para la violencia masiva.

La crisis de la autoridad

Max Weber, uno de los padres de la sociología moderna, señalaba que existen tres tipos de autoridad: tradicional, carismática y legal-racional. Como bien señala Gilles Lipovestky, estamos viviendo una «sociedad hipermoderna», donde el individualismo extremo debilita no solo a los valores tradicionales, sino también a las figuras (los actores) que históricamente los han encarnado.

La revolución conservadora gestada en los años ochenta, con el triunvirato Reagan-Thatcher-Juan Pablo II, configuró el mundo y nuestra cotidianeidad tal cual lo conocemos ahora. El auge de las redes sociales hace que se erijan figuras de una noche y se dilapiden (o *cancelen*, para ser más precisos) por la mañana, con una velocidad nunca antes vista. Así, hoy día presenciamos la fragmentación de las formas de legitimidad de las que Weber hablaba en las primeras décadas del siglo XX. Ahora, el carisma de líderes histriónicos, cuya excentricidad es desplegada con exuberancia y sus recetas son vendidas con fuertes dosis de simplismo e instantaneidad, tiende a prevalecer por encima de la racionalidad y las estructuras tradicionales, provocando —en efecto— una desinstitucionalización de la autoridad.

Martin Gurri, un investigador estadounidense de origen cubano especializado en geopolítica y cambio social, que trabajó como analista de medios de comunicación para la CIA, explicó en su libro *La rebelión del público* este fenómeno. Gurri señala que la aparición de Internet sacudió e hizo resquebrajar las estructuras informativas típicas del siglo xx. Es decir, que la información ya no la recibimos, procesamos y entendemos como antes.

Un fenómeno muy grande, pero que, a diferencia de otros grandes cambios de la humanidad, se ha producido a una velocidad inusitada. Eso, afirma, trajo diversas consecuencias: desde la pérdida de autoridad de los políticos y los medios tradicionales a la rebelión del público contra las élites. Por ello hoy vemos fenómenos más globales que locales; por ello hoy un vendedor ambulante tunecino protesta prendiéndose fuego en el centro de Túnez e inicia una revuelta en buena parte del mundo árabe, al tiempo que se dan protestas en Madrid, Nueva York, Tel Aviv o Santiago de Chile. Todas ellas, en mayor o menor medida, preferían formas de protesta descentralizadas y ajenas a los actores tradicionales de estos escenarios, como los sindicatos, los partidos opositores o incluso los medios de comunicación.

Una crisis que va más allá de la superficie, que excava y se cuela en todos lados. Ya no se respetan las figuras tradicionales de la sociedad: al presidente (como la autoridad política); al maestro (como la autoridad moral); a los padres (como la autoridad del hogar). Y, entonces, ¿a quién se respeta? ¿A quién se sigue? Al *influencer*. Aquel que está en una posición alcanzable —a un clic de distancia— y que está legitimado por la cantidad de seguidores. La política debe recuperar la iniciativa, la autoridad moral y la confianza ciudadana.

En estos tiempos de insatisfacción ciudadana generalizada, la demanda de poder y la necesidad de figuras nítidas de autoridad son más que necesarias. Un líder que no es percibido como tal deteriora todo el clima de la política. Porque, en definitiva, una figura política —con una posición de liderazgo y representatividad en la sociedad— que se degrada moralmente, no solo lesiona su propia autenticidad y credibilidad, sino que también deslegitima al conjunto de la dirigencia política.

La crisis de la confianza interpersonal

El informe de Latinobarómetro de 2021 confirmaba una idea que, hasta entonces, venía emitiendo señales en el mundo de la investigación social: la región latinoamericana es la más desconfiada del planeta. Así, el informe confirmaba la tendencia a la baja que se observa en este informe desde 2009: cada vez son menos quienes confían en los demás. Solo el 12% cree que «se puede confiar en la mayoría de las personas»; un valor que es prácticamente la mitad que una década atrás (22%). Esta idea, además, se profundizó con la pandemia (vecinos denunciando a vecinos, animados incluso desde el Estado).

Todo esto, además, se ata a la mencionada crisis generalizada de la democracia: según el informe de Latinobarómetro de 2023, al 28% de los latinoamericanos le es indiferente el tipo de régimen en el que vive; es decir, le es igual vivir bajo un sistema democrático o autoritario. Una vez más, la pandemia exacerba la insatisfacción con la vida en general e impacta en la democracia. De esta manera, como bien destaca el informe, los individuos no pretenden la interacción *con otros,* sino más bien la protección *de otros.*

En España, la pandemia también ha deteriorado la confianza entre las personas. Así lo revela un informe del Instituto Nacional de Estadística (INE) del año 2022. Si bien más de la mitad de los españoles (52,7%) tiene una confianza «alta o muy alta» en los demás, el estudio revela que entre los años 2018 y 2021 cayó más de siete puntos. Luego, y a pesar del fin de la pandemia, los informes de 2022 (52,9%) y 2023 (52,7%) demuestran que no se ha recompuesto.

La crisis demográfica

«El futuro del mundo lo define la demografía», tuiteó con elocuencia el politólogo argentino Andrés Malamud en los comienzos de la pandemia. La crisis de la demografía en Occidente es, tal vez, la más silenciosa de todas. Pero aquí está, tocando la puerta de nuestras sociedades envejecidas.

Durante siglos, la humanidad se caracterizó por familias numerosas, pero con vidas efímeras. Para tener una mejor vejez había que fortalecer la familia: a mayor cantidad de hijos, mayor y mejor cuidado de sus padres. Pero el surgimiento de las vacunas y los antibióticos alargó la existencia y cambió las expectativas familiares.

Las sociedades cuyas mujeres tienen menos de 2,1 hijos de promedio se enfrentan a un problema demográfico.

Cuando eso sucede, la solución no es otra que recurrir a la inmigración. El objetivo es frenar el envejecimiento poblacional y que haya más jóvenes (adultos económicamente productivos) que adultos mayores, cuya etapa productiva, en términos sociales, ya concluyó. Europa se ve amenazada por el envejecimiento de su población y el déficit de nacimientos. La inevitable llegada de migrantes africanos que buscan un futuro mejor y cuya mano de obra serviría para empujar a la economía europea se encuentra con un límite y una contradicción: Europa los rechaza socioculturalmente y no logra integrarlos a su sistema económico.

El resultado es un colapso demográfico. Mientras tanto, el crecimiento poblacional florece en África Subsahariana y en algunas regiones de Asia Central.

En ese sentido, la mirada de cara a los próximos años se posa en África: un continente grande y joven, pero todavía plagado de serias contradicciones económicas. En esa línea, si su economía crece al compás de su demografía, podría transformarse en el motor del crecimiento global. Pero si, en cambio, sucede lo contrario (como de hecho sucede), se convertirá en una bomba de tiempo que seguirá empujando a sus habitantes hacia el —más que nunca— Viejo Continente.

Existe un cambio en la demografía de estos dos continentes muy palpable: en 1900 había una relación de tres europeos por cada africano. Europa dominaba gracias a su tecnología, sus ejércitos y, fundamentalmente, su demografía. Hoy, la balanza se ha invertido: por cada europeo, existen dos africanos, cifra que en diez años podría elevarse a tres y en veinte, a cuatro. La evolución médica, a pesar de las dificultades, también impacta en África, permitiendo que la población no solo crezca en número, sino también en longevidad.

Nos enfrentamos a sociedades que han perdido la juventud, y eso, más allá de ser una mala noticia para el conjunto, lo es particularmente para las ideas progresistas. Este apunte no es aleatorio ni un capricho: el segmento de los jóvenes, históricamente, ha sido el motor insustituible de revoluciones y renovaciones culturales, como bien explica Malamud. El progresismo, esencialmente juvenil, se ve amenazado en un escenario donde las arcas que lo financian se secan. ¿De dónde vendrán los progresistas si los suelos en que germinaron en el pasado se marchitan por el envejecimiento? ¿Quién querrá financiar a un progresismo que pierde su base histórica principal, los jóvenes?

La Generación Z se desmarca de los antiguos modelos de vida y familia con una decisión que resuena como un grito sutil en medio de la modernidad: no quieren tener hijos. En una era marcada por la incertidumbre económica, el cambio climático y una creciente desconfianza en las estructuras tradicionales —entre otros temas—, los jóvenes de esta generación esbozan un futuro en el que la maternidad y la paternidad quedan relegadas a un segundo plano. Lo efímero, los vínculos menos demandantes (y menos humanos, también: las mascotas), los compromisos más flexibles y menos rígidos, son los preferidos de los protagonistas de la juventud en esta era.

Esta tendencia no es fruto de una moda pasajera, sino el reflejo de una transformación cultural radical y, claro, demográfica. Los miembros de la Generación Z cuestionan los esquemas heredados que antes daban por sentada la creación de familias numerosas, y prefieren invertir sus energías en construir un presente lleno de alternativas: un presente en el que el compromiso social, la búsqueda de la realización personal y la preocupación por el bienestar colectivo tienen un valor superior a la reproducción biológica.

La narrativa de esta generación es, a la vez, desafiante y resignada. Desafiante, porque rechaza un mandato histórico que ya no les habla; resignada, porque se ve inmersa en un sistema que, lejos de ofrecer garantías de estabilidad, les arroja una incertidumbre que se extiende hasta el horizonte. Es una especie de renuncia anticipada, una apuesta por vivir sin la presión de perpetuar un ciclo que consideran obsoleto.

Vaya paradoja: en un mundo que venera la juventud y celebra la innovación, los jóvenes de hoy deciden abstenerse de reproducirse, convencidos de que la transformación social no depende de un legado biológico, sino de la capacidad de imaginar y construir nuevas formas de comunidad. Así, la Generación Z se erige en un reflejo de los tiempos modernos, donde la libertad individual se impone sobre las expectativas colectivas y donde el futuro se concibe como una reinvención constante de lo que significa vivir.

Framing: resignificación y apropiación del lenguaje

> En general, los hombres juzgan más por los ojos que por la inteligencia, pues todos pueden ver, pero pocos comprenden lo que ven.
>
> **Nicolás Maquiavelo**

George Lakoff, reconocido lingüista y autor del *best seller No pienses en un elefante* (2004), afirma que existen solo dos formas para introducir un marco mental en la sociedad: por medio del arte de la repetición y a través de un suceso traumático.

En aquella obra, Lakoff define a los *frames* o marcos mentales como *«estructuras mentales que conforman nuestro modo de ver el mundo». Sostiene* que los marcos mentales son fundamentales en el debate político, ya que los términos que usamos para describir un problema o una política influyen en cómo las personas entienden la situación. La elección de palabras y metáforas, en efecto, no es inocente: las palabras evocan marcos, y los marcos evocan valores y emociones que guían la toma de decisiones políticas. Una definición que coincide con la de Stephen Reese, profesor de la Universidad de Texas y también experto en *framing,* que entiende los *frames* como principios organizadores y socialmente compartidos, a la vez que trabajan para estructurar el mundo social que habitamos.

Pero Lakoff no se detiene allí. Explica cómo dos piezas centrales para el comportamiento humano —el miedo y el terror— operan en la mente de los seres humanos y moldean nuestra visión. Es decir, traccionan los marcos. El primero de ellos, el miedo, activa el modelo de lo que define como padre estricto. Este arquetipo es aquel que «cree en la necesidad y el valor de la autoridad, que es capaz de enseñar a sus hijos a disciplinarse y a luchar en un mundo competitivo en el que triunfarán si son fuertes, afirmativos y disciplinados». El esquema del miedo, por tanto, tiende a activar ese modelo en el cerebro de los individuos.

Para ilustrarlo, utiliza el ejemplo de la «guerra contra el terror» de EE. UU. en Afganistán e Irak tras los atentados del 11-S. Este marco, explica, impulsa el miedo y lo convierte en un terror difuso: imágenes gráficas, comprensibles por todos y con un enemigo distante en lo físico y lo estético. El combo perfecto. A la par del miedo, también se acciona el *frame* del padre estricto. Así, el razonamiento continúa su curso y asocia terrorismo con guerra, que, en consecuencia, enciende la necesidad y demanda de tener un líder fuerte: un comandante en jefe, un «presidente de guerra»; un padre protector.

Robert Entman, experto en medios y asuntos públicos, agregó una capa más de profundidad al tema al señalar que el *framing* es selección y preeminencia. Esto es, construir un *frame* significa seleccionar algunos aspectos de la realidad percibida y hacerlos más relevantes o notorios en un discurso para, en efecto, evidenciar un problema o una definición, o bien para promover una interpretación o evaluación moral, para que, de esta manera, se origine un tratamiento especial en busca de una salida.

Otro autor importante para terminar de aproximarnos a este concepto es el consultor norteamericano Frank Luntz. Para este, el *framing* es más bien contextualizar, ya que «sin contexto no se puede establecer el valor del mensaje, su impacto o, lo que es más importante, su relevancia».

Recapitulando. Hasta ahora, tenemos que los *frames* son estructuras mentales —organizadoras de nuestro mundo y socialmente compartidas (Reese)— que fabrican nuestra visión del mundo (Lakoff), cuya tarea constitutiva envuelve la selección de algunos aspectos de la realidad percibida (Entman), y a la vez están sujetas a un contexto (Luntz).

Pero hay un último nodo en la teoría del *framing* sobre el que Lakoff pone el acento: la significación de los valores y la apelación a ellos. Como sostiene junto a Mark Johnson en *Metáforas de la vida cotidiana* (2018), cuanto más se apela a los valores, mejor operan los *frames*. De esa forma, refuerza su mecanismo y se instala en la conversación cotidiana.

En la política, como en el arte o la filosofía, el lenguaje no cumple una función meramente vehicular. O al menos no es su única tarea. Representa un terreno de disputa, de combate, donde los actores buscan apropiarse de los términos para cargar de poder simbólico sus discursos. Las palabras, los conceptos, son contingencias; pueden ser una cosa u otra, en uno u otro contexto. El semiólogo, filósofo y escritor italiano Umberto Eco subrayó la flexibilidad y el poder del lenguaje para moldear percepciones y sentidos.

Precisamente, esta idea se vincula directamente con lo que Lakoff hablaba: los marcos mentales organizan no solo nuestras experiencias, sino también las formas en que procesamos la realidad y tomamos decisiones. Pero también establecen los límites y las formas sobre los términos. A esta flexibilidad conceptual es a lo que Ernesto Laclau y Chantal Mouffe se referían con «significante flotante»; es decir, ciertos términos que carecen de un significado único y se resignifican en función del proyecto político, jugando un papel crucial en la construcción de hegemonía. Es, también, lo que el filósofo Roland Barthes decía al señalar que el poder político manipula los signos y los dota de significados que refuerzan una agenda específica. Así, términos originalmente neutros se nutren de fuerte contenido simbólico y se transforman en emblemas de identidades y valores particulares, siendo, a la vez, una herramienta de control, como observó Barthes en su análisis del mito en la cultura de masas.

Nietzsche decía que no existen hechos, solo interpretaciones. Bajado a lo que venimos señalando, una palabra puede significar algo en un momento determinado y otra cosa muy diferente en otro. Veamos cómo los términos «casta», «república», «libertad» y «cambio» se comportan de manera muy distinta según el contexto.

El origen de la casta

La palabra «casta» posee una historia compleja y está profundamente cargada de significados culturales y sociales. Su origen etimológico proviene del latín *castus,* que remite a la pureza, a lo «casto». Con el tiempo, derivó en el español a «casta», referido a un grupo con una supuesta pureza heredada. Aunque el término fue adoptado en varias lenguas, su aplicación y significados varían ampliamente según el contexto cultural e histórico.

En el contexto de la India, quizás el más resonante hasta hace poco, se asocia principalmente con el rígido sistema de estratificación social conocido como *varna.* Este sistema tiene su origen hace más de tres mil años y clasifica a la sociedad en cuatro grandes grupos: los *brahmanes,* sacerdotes y estudiosos; *kshatriyas,* guerreros y gobernantes; *vaishyas,* comerciantes y agricultores; y *sudras,* trabajadores y servidores. Este sistema era inicialmente una estructura flexible que promovía una división funcional del trabajo, pero con el tiempo evolucionó hacia una jerarquía rígida e inquebrantable, especialmente cuando se combinó con el concepto de *jati* o comunidad hereditaria.

La noche del 25 de mayo de 2014, la política española vivió un momento de quiebre. Pasadas las once, los canales de televisión mostraban los resultados definitivos del escrutinio de las elecciones al Parlamento Europeo. En pantalla, Soraya Sáenz de Santamaría, la entonces portavoz del Gobierno del Partido Popular, anunciaba los datos que confirmaban lo hasta entonces impensable: un partido nuevo encabezado por un joven profesor universitario había conseguido 1.250.000 votos.

En ese momento, Pablo Iglesias, el líder de Podemos, subió al escenario en la plaza del Museo Reina Sofía de Madrid. Su coleta y mirada determinada contrastaban con el tono solemne de los políticos tradicionales. Con voz firme, Iglesias habló de la «casta», la élite política y económica que, según él, había traicionado al pueblo español en favor de sus propios intereses. No era la primera vez que lo decía en público, pero sí con ese nivel de expectación. En cuestión de minutos, el término «casta» se convirtió en el principal caballo de batalla; una línea divisoria entre el poder de siempre y una nueva política signada por los perdedores de la crisis de 2008.

La elección del término por parte de Iglesias no fue casual. Buscaba encapsular la corrupción, el elitismo y la desconexión de los partidos tradicionales y de las élites económicas en una palabra corta y un marco fácil de entender y compartir. Iglesias dirigía esta crítica tanto al PP como al PSOE, acusándolos de haberse fusionado en una amalgama corrosiva, ser indistinguibles en su manejo de los intereses económicos y en haberse alejado de los problemas reales de la gente. Según Iglesias, estos partidos tradicionales y sus líderes representaban una «casta» que había convertido la política en un espacio cerrado, reservado solo para unos pocos privilegiados.

Años más tarde, el significante «casta» volvería a la escena. Un economista argentino, que al igual que Pablo Iglesias también destacaba por su estética y debía buena parte de su éxito a su habilidad para moverse en las tertulias de los medios de comunicación, hizo de la casta el eje de su discurso confrontativo. Su nombre: Javier Milei.

En 2021, Milei decidió competir en las elecciones legislativas de medio término como candidato a diputado nacional por la Ciudad de Buenos Aires, por un espacio nuevo que expresaba —como veremos más adelante— el marco mental de estos tiempos: La Libertad Avanza.

En sus discursos, Milei describía a la «casta política» como un grupo de privilegiados que usufructuaba de la riqueza generada por los ciudadanos, acumulando privilegios a costa de la economía del país y, en consecuencia, llevando a la Argentina hacia el atraso y la decadencia. Según Milei, la «casta» estaba compuesta no solo por los partidos mayoritarios, sino también por una red de burócratas, empresarios y sindicalistas conectados entre sí por intereses comunes y ajenos a los del común de la ciudadanía.

Al definir a la «casta» en términos maniqueos, Milei construyó un marco mental en el que los políticos son inherentemente corruptos, están poco interesados en resolver los problemas de los ciudadanos y, además, son poco efectivos. Este recurso retórico generó una disociación entre los políticos y el pueblo, apelando a la frustración de una sociedad que, cada vez más, percibe el aparato estatal como un ente devorador de recursos y falto de resultados. En uno de sus actos de campaña, Milei declaró: «Yo vengo a acabar con la casta política; no se trata solo de cambiar a las personas, sino de romper con el sistema que ellos han construido». Así, al identificar al sistema como el enemigo común, Milei consolidó su imagen de *outsider* dispuesto a desafiar la estructura enraizada del poder. Esta idea, y su efectiva capacidad para encadenarla con los problemas, las demandas y el humor social preexistente, catapultó su éxito; primero mediático y luego electoral.

Este término no solo fue el vehículo que le permitió llegar al centro del tablero político. A diferencia de la estrategia de Podemos, que abandonó el término rápidamente, Milei recargó el término para su gran objetivo: las elecciones presidenciales de 2023.

Para ello, Milei llevó el concepto de «casta» a un nuevo nivel en su campaña presidencial. En lugar de limitarse a criticar la política económica del gobierno, como hizo en 2021, expandió su mensaje al ampliar el sentido y el alcance del término. Así, incluyó a gran parte de actores sociales, políticos y económicos que tenían una mala imagen arraigada en amplias franjas de la sociedad: desde los sindicatos hasta los organismos de Derechos Humanos; desde los empresarios ligados al Estado hasta los empleados públicos; desde los políticos de carrera hasta los actores abiertamente progresistas o periodistas críticos. Todos ellos, sugería, formaban parte de un sistema corrupto y decadente. Según él, esta «casta» no solo malgastaba los recursos del Estado, sino que también defendía un modelo de dependencia y clientelismo que perpetuaba la pobreza y el atraso en Argentina.

Este encuadre de la «casta» como una estructura que explota al ciudadano común le permitió a Milei posicionarse como la única opción verdaderamente «libre» y real frente a un sistema en el que todos los demás candidatos tenían intereses creados. Al mismo tiempo, como también expone Lakoff en *No pienses en un elefante,* activaba la figura del héroe: «No les tengo miedo». Esta confrontación directa con el aparato estatal y sus actores constituyó una estrategia de gran impacto en una Argentina atravesada por una crisis económica profunda, caldo de cultivo para mensajes de ruptura radical. Nuevamente: contexto y selección de aspectos compartidos de la realidad percibida.

El uso de «casta» es y ha sido una herramienta para construir una identidad propia y un sentido de pertenencia para los seguidores tanto de Podemos como de Milei. Esta narrativa no solo describía a la «casta» como el enemigo, sino que otorgaba un significado simbólico a la lucha de estos espacios, en la que el pueblo y la justicia social eran los valores centrales para los primeros, y la libertad para los segundos. Es decir, agrupaba y contenía. Tanto Iglesias como Milei sabían que, al oponer al pueblo con una «casta» privilegiada, promovían una movilización emocional en sus seguidores, que identificaban a sus espacios como el terreno legítimo de la gente común, en contraste con los intereses corporativos y económicos de «los de siempre».

República, republicanos y republicanismos

Otro ejemplo paradigmático de significaciones e interpretaciones múltiples es el de «república». Es un concepto que históricamente ha tenido un papel central en la construcción de los valores democráticos y del Estado de derecho en el mundo occidental. Sin embargo, el significado de «república» se ha adaptado a contextos nacionales específicos, lo que ha llevado a que su interpretación varíe sustancialmente entre países como Argentina y España. En cada contexto, «república» adquiere un valor simbólico que se asocia con ideologías políticas divergentes y se utiliza para influir en la percepción pública y movilizar a sectores determinados de la sociedad.

En España, cuando se evoca el marco «república», se piensa en un conjunto de valores asociados a sensibilidades de la izquierda. Obviamente, está profundamente ligado a la Segunda República (1931-1939), un período valorado por este segmento como de reformas sociales y democratización. Tiene, a su vez, la carga simbólica de la violenta derrota tras el golpe de Estado de 1936 y la Guerra Civil. En efecto, activa un conjunto de emociones profundas y duraderas en el imaginario de la izquierda española. Para muchos, la república encarna la dignidad y el orgullo de una identidad democrática que ha sido negada. La república expresa, para quienes la valoran positivamente, una idea de emancipación frente a un sistema antiguo y autoritario.

Asimismo, la república está atravesada por el relato (y el legado) familiar. Casi como una suerte de códigos anclados en el ADN de las familias españolas que se transmite de generación en generación. En ese sentido, la memoria histórica juega un papel importante, ya que muchas familias aún guardan relatos de opresión y represión durante el franquismo, y la república se convierte en un símbolo de resistencia y redención. La idea de recuperar la república suele despertar en la izquierda un sentimiento de reparación histórica, como un modo de hacer justicia a generaciones pasadas y devolver al país un modelo de gobierno que le fue arrebatado violentamente.

El republicanismo en España ha evolucionado hasta convertirse en una identidad política y sociológica que va más allá de su génesis. Se ha constituido como un elemento de identificación colectiva para aquellos que ven en la república un reflejo de sus propios valores y aspiraciones de justicia social; de un modelo societario alternativo.

En Argentina, el concepto es inverso. Y esto resulta paradójico, ya que la Argentina reciente se constituyó, en buena parte, por la llegada de decenas de miles de exiliados republicanos que trajeron sus relatos y siguieron impulsando su sueño republicano desde el exilio. Históricamente, ha sido un término apropiado por espacios políticos más conservadores, o al menos opuestos al peronismo. De hecho, la idea de «república» se ha erigido como oposición al populismo, que en el caso argentino es encarnado por el peronismo desde los años cuarenta.

Así, el *frame* «república» se configura de manera particular y es utilizado principalmente por sectores de la derecha antiperonista para estructurar una narrativa de orden social, respeto a las instituciones y defensa frente a lo que se percibe como el riesgo del populismo. La república, al igual que en España, no se limita a la definición formal de un sistema de gobierno, sino que en este caso se convierte en un filtro interpretativo que resalta ciertos valores como el respeto por las normas, la transparencia y la independencia de poderes, en oposición a lo que consideran prácticas de concentración de poder y corrupción.

En los últimos años, por ejemplo, la narrativa de «defender la república» ha dejado de ser un no-lugar —en los términos del antropólogo francés Marc Augé— para organizarse como una narrativa que convoca emocionalmente a amplias franjas de la sociedad argentina. Una forma de expresar una oposición, pero al mismo tiempo generar identidad y construir un lugar común que agrupa y contiene. Es decir, la versión antiperonista de la «comunidad organizada».

Huelga decir que un republicano argentino (por no hablar de uno estadounidense) jamás se identificaría como tal en España, y viceversa. En todo caso, el común denominador en ambos ejemplos es la riqueza y el potencial del término. Es, en definitiva, un terreno de disputa y combate.

Libertad

La hipótesis de Sapir-Whorf —derivada, de forma póstuma, de los escritos de Benjamin Whorf, quien atribuyó la idea a su profesor Edward Sapir— señala que existe una relación entre el lenguaje y la forma en que percibimos la realidad. Sus defensores sostienen que la lengua es quien determina el pensamiento; es decir, un «determinismo lingüístico». Pero hay otros que sugieren que la forma en que las personas nombran y describen las situaciones influye en su comportamiento. La primera es conocida como «hipótesis whorfiana *fuerte*» y la segunda como «hipótesis whorfiana *laxa*». En cualquier caso, sea determinante o influyente, existe un amplio consenso sobre la capacidad que tienen las palabras para configurar nuestra manera de pensar: «Los límites de mi lenguaje son los límites de mi mente», decía Ludwig Wittgenstein.

Retomemos esta idea: el modo en que las personas etiquetan y explican situaciones impacta, de manera más o menos directa, en su comportamiento. Esta noción, creemos, ayuda a explicar uno de los grandes marcos mentales que atraviesan esta era: la «libertad».

Para entender su importancia, debemos volver a la pandemia del COVID-19 como punto de inflexión. La pandemia puso a prueba las estructuras sociales, económicas y políticas de las sociedades modernas y occidentales. Fundamentalmente esto último: occidentales; porque en Occidente el control social y de las libertades individuales es menor.

Uno de los fenómenos más sonados fue el rechazo masivo al encierro y a las medidas restrictivas impuestas por los gobiernos con el fin de contener la propagación del virus. Este rechazo no surgió en un vacío, sino enmarcado en una tendencia más amplia de desconfianza hacia el control estatal y una reafirmación de la libertad individual. Es cierto que la reacción no fue inmediata, pero ante la sensación de falta de efectividad (el virus seguía propagándose) y a medida que el umbral de la tolerancia colectiva al encierro se iba haciendo cada vez más pequeño, la sensación de un control ejercido con autoritarismo fue avanzando. De las masivas protestas en el centro de la Ciudad de Buenos Aires, pasando por las violentas protestas en el sur de Italia y en Barcelona. En todos estos lugares hubo un común denominador: la sensación de pérdida de control sobre la propia vida y la incertidumbre económica exacerbada por las restricciones.

En el corazón de ese rechazo al encierro hay un elemento central: la libertad. Pero no cualquier libertad: la libertad individual. Este concepto, profundamente arraigado en las tradiciones políticas y filosóficas occidentales, aboga por la autonomía personal y la mínima interferencia del Estado en la vida de los ciudadanos. Durante la pandemia, esta visión se enfrentó a la necesidad de medidas colectivas para gestionar una crisis sanitaria.

Pero hay un segmento etario que expresó mejor que ninguno este nuevo estado nervioso: los jóvenes. En muchos lugares del planeta, se observó una ruptura semántica muy importante en ellos, especialmente en los jóvenes sub-30. Así, palabras como «libertad» o «independiente» se fueron convirtiendo en sus talismanes, hasta convertirse en expresiones más allá de un estado emocional o un clima de época. Como si para estos segmentos el marco se desplazase de lo «justo o injusto» hacia «libertad o autoritarismo».

Bien vale recordar que para Lakoff existen dos formas de insertar un marco mental: por el arte de la repetición o por un hecho traumático. La pandemia, claramente, se inserta en este último; y el marco de la libertad, enlazado con este momento histórico, también.

¿Pero cómo es posible que «la libertad», en una forma extrema, se haya insertado con tamaña fuerza? Veamos tres ejemplos muy claros: Vox en España, Milei en Argentina y Trump en los EE. UU. En todos ellos, más allá de sus diferencias, hay una base compartida: la propagación vertiginosa de su discurso. Los tres, además, pusieron a la libertad en el centro de su mensaje.

La ultraderecha española ha incluido este término como uno de los pilares centrales de su discurso, ligado a la defensa de la autonomía individual y al rechazo de la corrección política. Ya en su génesis Vox utilizó la libertad como una herramienta para posicionarse en contra de las políticas progresistas que consideran restrictivas. Esa oposición a lo que ellos denominan «consenso progre» se ha sintetizado en la idea de «dictadura progre». Es decir, el autoritarismo de la corrección política.

En la pandemia, por ejemplo, Vox articuló su oposición a las restricciones con un fuerte énfasis en la libertad individual. Las voces más sobresalientes de la formación enfatizaban que las medidas de confinamiento y las restricciones de movilidad violaban derechos fundamentales como la libertad de circulación y libre elección de los ciudadanos. Pero Vox no era el único que buscaba hacer un uso (y apropiación del término), tuvo una rival directa y muy potente: Isabel Díaz Ayuso, presidenta de la Comunidad de Madrid y figura central del PP.

Si bien el uso del marco «libertad» por parte de Ayuso arranca en la pandemia, luego fue extendiendo su uso. En su discurso, Ayuso no solo apela a la libertad en el contexto sanitario, sino también a una libertad política y económica, como contracara de la iniciativa política de la izquierda. Su «comunismo o libertad», tiene algo en común con Vox, Milei y Trump: el uso exacerbado de este término y la apelación a la retórica de la Guerra Fría. El uso de la libertad por parte de Ayuso ha sido particularmente fuerte en su rechazo al confinamiento, la obligatoriedad de mascarillas y las restricciones de movilidad durante la pandemia. En varias ocasiones, Ayuso criticó las políticas del gobierno central, argumentando que la autonomía de Madrid debía prevalecer para garantizar la libertad de los ciudadanos.

Trump, por su parte, ha utilizado la palabra libertad principalmente en su discurso contra la globalización, el socialismo y las políticas progresistas que considera una amenaza para los valores tradicionales estadounidenses. Una libertad ligada directamente al ser nacional estadounidense; a la identidad estadounidense. Atacar la libertad es atacar esa identidad. De hecho, la democracia es algo prescindible: en la Constitución de los EE. UU. la palabra «democracia» no aparece ni una sola vez; en cambio, «libertad» aparece en el Preámbulo y en la Primera Enmienda.

Es evidente que el hoy presidente argentino, Javier Milei, también ha utilizado este término. Pero no nos detengamos ahí, hay algo más interesante en este punto: sus ideas, que en un principio parecían extremas, se fueron suavizando a ojos de gran parte de la opinión pública, que las naturalizaron y asimilaron..

Este fenómeno ya lo teorizó el investigador norteamericano Joseph Overton, exvicepresidente del Centro Mackinac de políticas públicas. Tras su muerte, en 2003, «la ventana de Overton» comenzó a popularizarse. La premisa es muy sencilla: una idea considerada inadmisible puede dejar de ser tabú cuando aparece otra opinión más extrema. En un momento fue el divorcio, luego el matrimonio igualitario, luego el aborto.

Esto constituye un elemento común entre todos los ejemplos que venimos repasando. Todos ellos buscaron alimentar sus chances electorales potenciando esto. Por eso ensanchan la ventana, y cada vez el abanico de temas debatibles es más grande y más polémico. Ya no hay tabú en su agenda: pueden minimizar el genocidio argentino, insultar a las comunidades de inmigrantes, pedir la construcción de un muro fronterizo, apoyar la libre portación de armas…, y a nadie le sorprende. Abandonan los peligros trazados alrededor suyo y amplifican deseos contenidos en el fondo de sus sociedades. Además, entretienen y gustan. Encarnan rebeldía, como diría Pablo Stefanoni.

En 1940, en una gira por EE. UU., donde el presidente Roosevelt lo recibió con honores, el escritor alemán Thomas Mann brindó una conferencia titulada «La victoriosa llegada de la democracia». Allí fue categórico y premonitorio a la vez. Dijo: «Si el fascismo regresa, lo hará en nombre de la libertad».

Cambio

El discurso político en torno al cambio tiene como único objetivo modificar el escenario preexistente. Toda acción tiende a justificar dicho propósito y a instalar en el seno de la conversación social y la agenda pública la necesidad de cambio. Sin embargo, el nuevo estadio no está necesariamente descrito; ni en cuanto al qué ni en cuanto al cómo. Y ello es independiente de la extracción ideológica. Dos buenos ejemplos son el de Macri y Cambiemos en las elecciones presidenciales argentinas de 2015 y el de Podemos entre las elecciones europeas de 2014 y las generales de 2015.

Cuando Néstor Kirchner asumió la presidencia el 25 de mayo de 2003, en su discurso inaugural aludió treinta veces al «cambio». En uno de sus pasajes, formuló una frase que, quizás sin saberlo, marcaría una era: «Cambio es el nombre del futuro». Kirchner buscaba adueñarse del término «cambio» al asumir la presidencia tras la debacle social, económica y política que supuso la crisis de 2001-2002. El objetivo era evidente: posicionarse como la respuesta a un país que había experimentado un profundo golpe emocional y que quería *cambiar*. El uso del término fue preciso y oportuno, y reflejaba el deseo colectivo de ruptura.

Su sucesora, Cristina Fernández de Kirchner, replicó este uso en la campaña del 2007 con el *claim* «El cambio recién empieza», afianzando esta asociación. Sin embargo, con el devenir del gobierno y su desgaste tras doce años, fue perdiendo fuerza y efectividad. Así, en un movimiento audaz, terminó siendo apropiado por la principal fuerza opositora, encabezada por Mauricio Macri, que incluso llevó el nombre del «cambio» en su marca (Cambiemos). El cambio, en definitiva, es lo único permanente.

El *frame* «cambio», en este contexto, se convierte en uno de los marcos mentales más significativos de la época que nos acontece. En un estudio del experto en comunicación política Xavier Peytibi que recolecta 1.011 eslóganes políticos de 31 países[1] entre 1828 y 2012, se observa que la palabra «cambio» está presente en 85 de ellos, es decir, en el 8,41 %. A priori puede parecer un número bajo, pero si hacemos zoom veremos que el 74,11 % de los eslóganes en los que se alude al cambio están presentes en el siglo XXI. Fenómeno de época.

Zygmunt Bauman señala que vivimos una «modernidad líquida», donde las certezas se disuelven rápidamente, las estructuras se transforman y el cambio se vuelve una constante. La velocidad con la que nos movemos

---

1 Argentina, Australia, Bahamas, Bélgica, Brasil, Canadá, Chile, Colombia, Costa Rica, Ecuador, El Salvador, España, EE. UU., Francia, Gran Bretaña, Guatemala, Honduras, India, Irlanda, Israel, Italia, México, Nicaragua, Panamá, Perú, Portugal, República Dominicana, Rusia, Santa Lucía, Uruguay y Venezuela.

hace que la necesidad de cambio en cualquier ámbito de la vida se convierta en una demanda constante y que las transformaciones políticas y sociales se produzcan de un modo más veloz; todo muta, se evapora y se transforma rápidamente. En este sentido, como bien señaló Schopenhauer, «el cambio es la única cosa inmutable».

Al analizar el fenómeno del cambio, vale la pena poner el foco en dos elementos que impulsan ese marco mental: el hartazgo y la velocidad. El primer componente está cada vez más presente en el deseo de cambio. No es una novedad, claro, pero a nuestro juicio se ha acelerado con la pandemia y gana cada vez más terreno. Ese hartazgo, manifestado socialmente en forma de indignación, es lo que está llevando a reconfigurar las identidades políticas y colectivas.

Bien vale observar el comportamiento electoral en América del Sur en las últimas dieciséis elecciones presidenciales.[2] A simple vista, podríamos pensar que hay ciclos electorales de derecha—2018—, y de izquierda —2021-2022—, pero no parece que la variable ideológica explique el cuadro. En una mirada más detenida, vemos que en trece de esas dieciséis elecciones triunfó el cambio de gobierno. Como bien señala el politólogo Andrés Malamud, no da la impresión de que la dimensión ideológica sea el factor determinante en la decisión del voto. En cambio, el agotamiento parece ser más concluyente.

---

2 No se incluyó en la muestra el caso de Bolivia en 2019, ya que los comicios fueron anulados tras denuncias de irregularidades. Por el mismo motivo, tampoco se tomaron los casos de Venezuela en 2018 y 2024.

Año	País (Ganador)	Ideología	Situación
2018	Paraguay (Abdo Benítez)	Derecha	Continuidad
2018	Colombia (Duque)	Derecha	Cambio
2018	Brasil (Bolsonaro)	Derecha	Cambio
2019	Argentina (Fernández)	Izquierda	Cambio
2019	Uruguay (Lacalle Pou)	Derecha	Cambio
2020	Bolivia (Arce)	Izquierda	Cambio
2021	Ecuador (Lasso)	Derecha	Cambio
2021	Perú (Castillo)	Izquierda	Cambio
2021	Chile (Boric)	Izquierda	Cambio
2022	Colombia (Petro)	Izquierda	Cambio
2022	Brasil (Lula)	Izquierda	Cambio
2023	Paraguay (Peña)	Derecha	Continuidad
2023	Ecuador (Noboa)	Derecha	Cambio
2023	Argentina (Milei)	Derecha	Cambio
2024	Uruguay (Orsi)	Izquierda	Cambio
2025	Ecuador (Noboa)	Derecha	Continuidad

En segundo lugar, como venimos señalando, la velocidad es un rasgo inescindible de esta era. La necesidad de cambio también se alimenta de una mayor velocidad, de la aceleración de procesos antes más lentos.

Así, un mundo más dinámico y veloz, también lo es más voraz e intenso. En ese sentido, como también señala Malamud, los partidos nuevos resultan más confiables para buena parte de los electorados hoy día, como se puede observar en Latinoamérica. En consecuencia, en ocho de las últimas diecisiete elecciones en la región, el presidente electo pertenecía a un partido con una antigüedad no superior a los diez años. Y si vamos un poco más allá, podemos decir que trece de los dieciséis partidos ganadores fueron creados en este siglo. En política, tener el ingrediente de la novedad es indispensable para conectar con el electorado. Pero crearlo muchas veces depende del contexto. Como vemos, salvo la excepcionalidad paraguaya, hoy día en América Latina comenzar de cero constituye un activo. Al menos en el plano político, esta era claramente atravesada por una subversión de los valores políticos: tener una trayectoria ya no es algo positivo.

Año de elección	País	Partido	Año de creación
2021	Ecuador	CREO	2011
	Perú	Perú Libre	2008
	Honduras	Libre	2011
	Chile	Convergencia Social	2018
2022	Costa Rica	PPSD	2018
	Colombia	Colombia Humana	2011
	Brasil	PT	1980
2023	Paraguay	Colorado	1887
	Guatemala	ADN	2021
	Ecuador	Revolucionario Moderno	2017
	Argentina	La Libertad Avanza	2022

Año de elección	País	Partido	Año de creación
2024	El Salvador	Nuevas Ideas	2017
	Panamá	Realizando Metas	2021
	Rep. Dominicana	Revolucionario Moderno	2014
	México	Morena	2014
	Uruguay	MPP	1989
2025	Ecuador	ADN	2021

El hartazgo y la aceleración constituyen un binomio que explica buena parte de la inestabilidad política y los abruptos virajes electorales, en este caso en Latinoamérica.

La ciudadanía, cansada de la falta de respuestas a sus demandas, opta por buscar alternativas que encarnen —o prometan encarnar— un cambio real. Esta búsqueda de cambio se nutre de la aceleración de la información y de las expectativas ciudadanas, que esperan soluciones más inmediatas y efectivas. Todo ello hace que el marco mental «cambio» sea un terreno de disputa cada vez más imprescindible. Comprender los estados emocionales que rodean este clima de época se impone como la primera necesidad de la comunicación de esta era.

Definir el *frame* es delimitar el territorio donde nos moveremos, jugaremos e interpretaremos el escenario. Es como trazar una línea invisible que marca las fronteras (movibles, transitorias y redefinidas constantemente) de lo que será posible dentro de un espacio determinado. A partir de ahí, todo lo que suceda estará enmarcado en ese límite, que, aunque no siempre sea evidente a primera vista, influye sobre cada movimiento, cada palabra y cada decisión. Justamente, de eso se trata; de transformar lo palpable en tácito e implícito. Es como si nos dieran una paleta de colores para pintar, pero con un par de tonos que sobresalen, más visibles que los demás. Todo lo que se haga dentro de ese marco está condicionado, y aunque se intente ir más allá, el *frame* siempre regresará como un eco, recordándonos las reglas no escritas del juego.

3. La literatura como materia prima de las narrativas políticas

La ficción como aliada de las narraciones políticas

El universo está hecho de historias, no de átomos.
Muriel Rukeyser

En el último capítulo de *Juego de Tronos,* Tyrion Lannister nos regala una frase magnífica:

> —¿Qué une a las personas? ¿Los ejércitos? ¿El oro?
> ¿Las banderas?
> —Las historias. No hay nada más bueno que una poderosa historia. Nada puede detenerla. Ningún enemigo la derrota.

La literatura despliega su enorme repertorio para dar a la «gramática política» una estética y una épica. Son las herramientas propias de la ficción las que ayudarán a la política a dotar de credibilidad a sus tramas, parir personajes, alumbrar atmósferas, elegir los diálogos, marcar los silencios, calibrar el suspenso y, en definitiva, contar una historia que sirva para crear un mito posible.

¿Es la literatura, entonces, la aliada indicada para rescatar a la política del naufragio de la desconfianza pública? ¿Puede hacernos pasar del descrédito de las instituciones a la credibilidad de las historias?

La respuesta es sí a ambas preguntas. Porque a pesar de las reiteradas frustraciones que las sociedades democráticas cargan en sus espaldas por promesas incumplidas, gestiones maltrechas y políticas erradas, la necesidad humana de seguir creyendo en algo —una utopía por más pequeña que sea— o en alguien —un Dios, un político, un club de fútbol— seguirán intactas. Serán sociedades más enojadas, más desconfiadas, más irascibles, pero su predisposición a creer en que mañana todo estará mejor seguirá allí.

Porque, como decíamos, es insoslayable que el ser humano necesita tanto de la ficción como de la política para seguir adelante en el largo camino de la supervivencia cotidiana. Son el balón de oxígeno de la vida en sociedad. Son dos almas rotas pero vivas que se necesitan mutuamente para ordenar la experiencia, dar recompensas, generar incentivos, imaginar horizontes posibles. Son, en definitiva, el molde semántico desde donde se construye el relato primero y el mito de gobierno después. La antesala de la memoria y el futuro.

En *Política y ficción*, Pablo Bustinduy y Jorge Lago demuestran cómo detrás de cada cimiento que organiza la vida en sociedad aparecen las narraciones como el pegamento que le da sentido político a las cosas. El libro, en un primer momento, fue escrito al calor de los movimientos sociales y políticos del 15-M. Entonces ya era evidente que la arquitectura narrativa de la posguerra fría había naufragado no solo por cuestiones económicas sino también discursivas, al generarse «un colapso de la credibilidad de los relatos que se expresaba tanto en lo grande como en lo pequeño, que hacía que todo lo que se había hecho pasar por indudable de pronto pareciera inverosímil».

Detrás de la inolvidable victoria de Inglaterra a Francia en la batalla de Azincourt, cuyo desenlace marcó el final de la Guerra de los Cien Años, hubo un gran discurso, pero antes hubo un gran intérprete: Enrique V, el día de San Crispín, un 25 de octubre de 1415.

Este es el día de San Crispín. El que sobreviva a este día y vuelva sano y salvo a su casa, se izará sobre las puntas de los pies cuando se mencione esta fecha, y se crecerá por encima de sí mismo al oír el nombre de San Crispín. El que sobreviva a este día y llegue a la vejez, cada año, en la víspera de esta fiesta, invitará a sus amigos y les dirá: «Mañana es San Crispín». Entonces se subirá las mangas, y, al mostrar sus cicatrices, dirá: «Recibí estas heridas el día de San Crispín». Los ancianos olvidan, pero incluso quien lo haya olvidado todo recordará aún las proezas que llevará a cabo hoy. Y nuestros nombres serán para todos tan familiares como los nombres de sus parientes y serán recordados con copas rebosantes de vino: el rey Enrique, Bedford y Exeter, Warwick y Talbot, Salisbury y Gloucester. Esta historia la enseñará un buen hombre a su hijo, y desde este día hasta el fin del mundo la fiesta de San Crispín nunca llegará sin que a ella vaya asociado nuestro recuerdo, el recuerdo de nuestro pequeño ejército, de nuestro pequeño y feliz ejército, de nuestra banda de hermanos. Porque quien vierta hoy su sangre conmigo será mi hermano; por muy vil que sea, esta jornada ennoblecerá su condición. Y los caballeros que permanecen ahora en el lecho de Inglaterra se considerarán malditos por no estar aquí, y será humillada su nobleza cuando escuchen hablar a uno de los que hayan combatido con nosotros el día de San Crispín.

El ejército francés duplicaba al inglés, pero en este caso las palabras pudieron más que la superioridad numérica. En palabras de Jean Cocteau: «Lo consiguieron porque no sabían que era imposible». Había un relato y un liderazgo capaz de interpretarlo. La trama y el personaje se dieron la mano.

En un artículo titulado «El ombligo de los sueños», Irene Vallejo nos regala algunas de las claves por las que debemos seguir creyendo y creando. Leyendo e imaginando. Siempre lo hicimos y lo seguiremos haciendo a pesar de todo.

- Las historias son al mundo lo que el ombligo a nuestro cuerpo: carecen de función o tarea vital, pero nos anudan a lo más esencial, ya que señalan nuestro vínculo carnal con los antepasados.
- Según los neurólogos, curiosamente, tenemos un cerebro quijotesco, propenso a procesar de forma semejante relatos y realidad. Al escuchar una historia o leer una novela, intervienen todos los sentidos, y se activan las regiones cerebrales correspondientes a lo que sucede en el torrente de palabras.

Por suerte, nuestros descendientes sabrán, como la humanidad ha sabido desde los tiempos más remotos, que se necesitan muchas ficciones para aprender unas pocas verdades.

Lo personal es político: el recurso biográfico en el discurso político

> Todas las penas se pueden sobrellevar metiéndolas en una historia o contando una historia sobre ellas.
> **Isak Dinesen**

Las trayectorias personales no solo cuentan una historia humana, también se convierten en un arma estratégica para construir imagen, conectar emocionalmente con el electorado y legitimar acciones políticas. Este fenómeno se ha vuelto más relevante con el auge de las redes sociales.

El movimiento feminista, en su segunda ola, hacia los años sesenta, imprimió una frase que perdura hasta hoy día: «Lo personal es político». Las activistas señalaban que las experiencias personales de las mujeres, históricamente relegadas al ámbito privado, debían ser reconocidas como un componente fundamental de las estructuras de poder. Es decir, si su cotidianeidad, a diferencia de los hombres, transitaba mayormente en el espacio del hogar (esfera privada), lo personal era una cuestión de índole política. Con el correr de los años, esta idea ha evolucionado, traspasado los límites del feminismo y alcanza para explicar otro tipo de cuestiones.

Esta expresión hoy remite a otro asunto: la forma en cómo nos comportamos en nuestra vida privada tiene (o debe tener) consonancia en nuestro comportamiento político. Está claro que las trayectorias personales de los líderes políticos impactan significativamente en sus decisiones y su forma de liderar. Su sensibilidad, ausente o presente, mayor o menor, tiene su correlato en su historia de vida.

El relato de la vida de un líder permite a los votantes entender su visión del mundo, sus valores y sus motivaciones. Es imposible escindir este análisis político de la cuestión psicológica del personaje. En otras palabras: no podemos, al menos aquí, separar la obra del artista. Esto, en efecto, cobra especial relevancia cuando los votantes buscan identificarse con alguien, que represente sus intereses y experiencias, que sea y sienta como uno.

El experto en comunicación política Santiago Castelo, señala en *La biografía en comunicación política* que en los últimos años el componente biográfico ha adquirido un papel muy relevante en las estrategias de comunicación de los líderes políticos. Allí, Castelo explica que el *boom* del uso biográfico se enmarca en lo que la autora argentina Beatriz Sarlo explicó como «giro subjetivo». Es decir, el paradigma que devolvió a los sujetos mayores cuotas de individualidad, cuyo espacio en el pasado —puntualmente en los sesenta— fue ocupado por las estructuras, los sistemas y las ideologías. Este *giro biográfico,* explica Castelo, se observa en dos instancias: la proliferación de relatos biográficos y la reivindicación de la primera persona y el testimonio como elemento clave y portador de credibilidad. Para analizarlos, construye un sistema de categorías —de «narrativas biográficas»— basado en cinco dimensiones: orígenes y primeros años; memorias traumáticas; *currículum vitae;* vida familiar y estilo de vida

El desplazamiento hacia la intimidad también se dio en otros momentos históricos. Un ejemplo clásico de cómo la biografía impacta en la política es el de Abraham Lincoln. Sus orígenes humildes se convirtieron en una poderosa herramienta de comunicación. Lincoln utilizó su biografía de «hombre del pueblo» para consolidar su imagen como un líder cercano a la gente, alguien que entendía sus luchas. Este relato fue crucial en su ascenso político y en la relación de confianza que construyó con la población estadounidense, especialmente durante la Guerra Civil. Su hoja de vida, claro, fue la fórmula para legitimar y acreditar esa idea de «hombre del pueblo».

Lincoln no fue el único. Theodore Roosevelt supo utilizar su historia personal, atravesada por la fragilidad física en su niñez, para contar una historia de resiliencia y determinación que construyera su imagen de liderazgo. Las enfermedades que padeció, el asma en particular, lo marginaron de los espacios de socialización habituales para los niños de su edad y lo obligaron a quedarse en casa por largos períodos de tiempo. A pesar de ello, en lugar de sucumbir a su debilidad, Roosevelt desarrolló de una voluntad férrea y se convirtió en un símbolo de fuerza y perseverancia.

Hay dos casos del presente que Santiago Castelo trae y que resultan muy interesantes de analizar: los de Mauricio Macri y Ada Colau. Estos dos ejemplos, ideológicamente opuestos, resultan interesantes por varios motivos. El primero de ellos es su condición de *outsiders*. Ninguno de los dos construyó su liderazgo en la sociedad civil a través de la política institucional. Es decir, su legitimidad de origen es más social que política.

Colau, alcaldesa de Barcelona entre 2015 y 2023, construyó su trayectoria en el ámbito de los movimientos sociales, muy críticos con la rigidez de las formas de participación ciudadana tradicionales: los partidos políticos y los sindicatos. Su éxito se construyó alrededor de la Plataforma de Afectados por la Hipoteca (PAH), aunque también pasó por el movimiento V de Vivienda. En la PAH, Colau destacó como portavoz del movimiento en medio de la profunda crisis económica y social que atravesaba España, en la que muchos ciudadanos fueron desahuciados de sus hogares por no poder pagar la hipoteca.

El lanzamiento de Colau a la política institucional en 2015, como bien apunta Castelo, estuvo naturalmente plagado de referencias a su derrotero activista, a no olvidar los orígenes y a explicar el porqué de este salto. Todo ello constituía un elemento diferenciador muy potente que, además de legitimidad, la posicionaba con un discurso nuevo y a tono con el clima de época. La idea central era diferenciarse de los «políticos profesionales».

Colau le dio un valor moral a su trayectoria. Su legitimidad como *outsider* era la coherencia: «Vengo de donde vengo y soy la misma persona». Este tipo de argumentos provocaron que se moralizara (o sobremoralizara) la forma de evaluar su administración. Es decir, que cada cosa que hiciera —o dejara de hacer— se midiera con esa vara. Algo que, por momentos, y por la propia naturaleza de la gimnasia del poder, obliga cabalgar contradicciones.

El mismo año que Ada Colau ganaba las elecciones municipales de Barcelona, del otro lado del Atlántico, Mauricio Macri lograba la victoria en las presidenciales de Argentina, marcando también un hito en la historia política contemporánea de su país. Al igual que Colau en Barcelona, Macri construyó su campaña presidencial sobre la promesa de ofrecer «algo nuevo» a los argentinos; un «cambio». Es cierto, a diferencia de Colau, el salto de Macri a la «política grande» no fue en 2015, sino en 2003, cuando se presentó como candidato a jefe de Gobierno (alcalde) de la Ciudad Autónoma de Buenos Aires. En esa ocasión, ganó la primera vuelta, pero perdió el *ballotage*. Cuatro años más tarde logró hacerse con dicha jefatura de gobierno y, a la figura de empresario exitoso y presidente de Boca Juniors, logró sumarle la de su gestión al frente de la capital del país.

En aquella campaña, Macri construyó una imagen poderosa y atractiva para el electorado. El foco estaba puesto en su trayectoria personal. Pero no en cualquier momento: puso el acento en su experiencia como dirigente de fútbol. Es decir, no en su vínculo con las empresas de su padre, que en sus inicios despertó fuertes prejuicios en algunas franjas del electorado y lo proyectaban como una persona distante, fría y poco empática con el común de la ciudadanía. Su equipo de campaña —liderado por Jaime Durán Barba y Marcos Peña— decidió, además de mostrar otros pliegues en ese ejercicio de humanización (contenidos de cercanía y su gestión en CABA), destacar su vínculo con el fútbol; el deporte popular y el lenguaje más común y transversal que existe en un país como la Argentina. De esta manera, también se mostraba diferente al resto sin necesariamente tratarse de un *outsider*. Esa lectura, asimismo, estaba enmarcada en un contexto de alta polarización que mostraba un fuerte desgaste del vínculo de buena parte de la sociedad con el lenguaje y los códigos de la política. En otras palabras, la hiperpolitización del espacio público en aquel momento (en conversaciones cotidianas, en la televisión y en otros espacios de dispersión) dejaban un terreno fértil para la proliferación de mensajes pospolíticos y renovados.

Según Castelo, Macri utilizó la «retórica *outsider*», es decir una estrategia discursiva que enfatizaba su alejamiento de la política tradicional, en un contexto de desconfianza generalizada hacia la política tradicional y sus actores. A diferencia de otros candidatos con trayectorias políticas previas, Macri se presentaba como un hombre que había alcanzado el éxito en el ámbito privado, lo cual le otorgaba un perfil renovador. Este enfoque fue decisivo para que muchos votantes lo percibieran como la opción que podría romper con los vicios del kirchnerismo y ofrecer una alternativa a la «vieja política». Asimismo, su apelación al trabajo en equipo y a la capacidad de aprender de sus experiencias extrapolíticas le permitió construir una imagen de competencia y eficacia. Al igual que Colau, la idea de marcar con claridad la frontera con la política, la eficacia de lo externo a ella y las «garantías morales» aparecen con fuerza aquí también. De hecho, Macri siempre buscó que lo relacionaran con su trayectoria deportiva antes que con cualquier otro hito político o empresarial. Esta narrativa fue central en su éxito en 2015, pero también en la posibilidad de convertirse en una alternativa al peronismo.

Tanto Macri como Colau construyeron su narrativa a partir del mismo diagnóstico: el cansancio con la clase política. Aunque el sentido que cada uno le orientó a su propia narrativa fuese distinto, resulta interesante ver cómo convergen en lo mismo: ese hastío que ambos identifican se ve fuertemente reforzado por el recurso biográfico. Nuevamente, la crisis de las narraciones y de las palabras autorizadas vuelve a estar presente; los políticos emergentes deben dar cuenta de sus historias personales para poder penetrar en los círculos de confianza del electorado.

La trastienda del poder: qué hay detrás del lenguaje que construye las narraciones políticas

> Al Titanic lo hundió un témpano del cual el 90% estaba bajo el agua. Tenemos que cuidarnos de tomar lo visible por el todo. Para entender el mundo, y para cambiarlo, hay que aprender a mirar debajo de la superficie.
>
> **Andrés Malamud**

Muchos tenemos un restaurante favorito al que acudimos cada vez que podemos. Nos gusta sentarnos, saludar al camarero, disfrutar de la comida, escuchar alguna conversación de refilón, pedir la cuenta y hasta la próxima. Pero nunca se nos ocurre entrar a la cocina, ver cómo se elabora el plato que vamos a pedir, comprobar si se cumplen las medidas de higiene básicas o si los trabajadores usan la protección correspondiente. Simplemente confiamos. Suponemos que allí atrás, donde surge aquel olor tan rico, las cosas funcionan. A fin de cuentas, hace años que está abierto y la gente sigue yendo.

Algo parecido ocurre con el funcionamiento de los resortes del poder que sostienen nuestros sistemas democráticos. Hay quienes creen que los hilos del poder son como una cortina que se mece con la corriente; que se mueven solos, casi por inercia administrativa.

Los hay que piensan, en cambio, que esos hilos los mueven mentes perversas que solo quieren mantenerse en sus cargos a toda costa.

Ni autómatas ni perversos. Digamos en primer lugar que a los hilos los mueven las personas, y ahora también los algoritmos. Detrás del discurso está el lenguaje, pero detrás del lenguaje, ¿qué hay? Están los políticos, claro, y los funcionarios, que hacen de laderos técnicos y sostenes administrativos. También están los *ghostwriters,* de los que hablaremos más adelante. Y están los asesores, los consultores, esos profesionales que rara vez tienen nombre público o cara conocida, pero que son un engranaje fundamental del quehacer cotidiano en una campaña electoral, en una gestión de gobierno o en un partido político.

Están los que optan por un perfil más discreto y aquellos que eligen tener mayor notoriedad pública. Con un oído en la calle y otro en palacio.

Por nombrar algunas parejas emblemáticas: François Mitterrand y Jacques Séguéla, José María Aznar y Gabriel Elorriaga, José Luis Rodríguez Zapatero y Miguel Barroso, Mariano Rajoy y Jorge Moragas, Pedro Sánchez e Iván Redondo, Mauricio Macri y Marcos Peña, Javier Milei y Santiago Caputo, Isabel Díaz Ayuso y Miguel Ángel Rodríguez… La política suele ser ingrata con ellos: cuando las cosas van bien, los méritos son del líder y el partido; cuando las cosas van mal, falló la estrategia, la comunicación fue errada, y se convierten en el fusible más evidente cada vez que la maquinaria empieza a dar señales de agotamiento.

La tan mentada frase «gobierno bien pero comunico mal» es uno de los karmas con los que tienen que luchar quienes están a la sombra del poder. En EE. UU. los llaman *spin doctors*. En Brasil son los *marqueteiros*. En España son los asesores en comunicación o consultores políticos. Quizás el más emblemático en el último tiempo fue Iván Redondo, encargado de ponerle cara y nombre a una profesión demasiado acostumbrada a jugar en el anonimato.

A partir de su llegada a lo más alto del poder, empezó a hablarse de la necesidad de profesionalizar la comunicación política y del difícil equilibrio entre ser asesor y hombre de estado a la vez. Algo que el propio Redondo sufrió en carne propia. Con treinta y siete años fue el cerebro comunicacional y estratégico detrás de la llegada de Pedro Sánchez al poder luego de la primera moción de censura exitosa de la democracia española, contra Mariano Rajoy el 1 de junio de 2018.

Pedro Sánchez lo nombró jefe de gabinete el 11 de junio y ocupó ese cargo hasta el 14 de julio de 2021. Ese día renunció diciendo que «a veces en política, en la empresa como en la vida, además de saber ganar, saber perder, hay que hacer algo mucho más importante: saber parar». Pero antes de parar, Iván Redondo aceleró muy rápido. En abril de 2016, en una entrevista en el programa *Otra vuelta de tuerka,* que conducía Pablo Iglesias, con quien luego compartiría Consejo de Ministros, dio algunas claves sobre cómo desempeñarse en el difícil arte de lo que no se ve:

> No creo en el elitismo de alguien que lanza una idea y nadie lo entiende. Y no creo, y sospecho mucho de ellos, en los que no creen en la comunicación política. Ni la comunicación política tiene todas las respuestas ni el marketing político lo es todo. El programa político es fundamental. Siempre le damos la máxima importancia a la política y a saber hacer política, que es en el terreno de las ideas y luego ya se comunicará. Cuando simplificas, tienes que ser muy honesto en el terreno de las ideas. Es la línea roja que nunca tienes que pasar.
>
> [...] El *spin doctor* es una persona que sabe de comunicación electoral, política y parlamentaria, que son disciplinas distintas y que requieren un tipo de ajedrez distinto. Es un portero que lo para todo y que le cubre las espaldas. Para salvar a alguien, le tienes que preguntar primero qué contenido tiene detrás y esta es la gran revolución, la evolución de los *spin doctors*. Pero un estratega debe dominar la comunicación y también la política, dominar los juegos y conocer las instituciones.

A veces los consultores se pasan de frenada y terminan siendo parte del problema, al horadar con sus consejos las propias reglas del juego democrático. El «gobierno de los consultores» es un error frecuente de los que están más preocupados por el «parecer» que por el «ser». Cuando el «todo vale» del marketing político reemplaza a la política, estamos en problemas. Hay muchos ejemplos. Demasiados. El que compartimos a continuación es bastante ilustrativo de qué sucede cuando los tecnócratas de la imagen se imponen al sentido común más elemental.

El 16 de abril de 2014, el economista argentino Federico Sturzenegger, actual ministro de Desregulación y Transformación del estado de Javier Milei, dio una charla en la Universidad de Columbia titulada «El camino de la academia a la política: los desafíos de la formulación de políticas públicas en la Argentina».

En una conversación distendida con alumnos cometió un error letal: decir la verdad. Allí hizo referencia a su experiencia personal cuando, según su propio relato, en una clase de coaching preparatoria de un debate electoral, el asesor del partido le recomendó cuatro consejos clave para su primera incursión política:

- No propongas nada. La gente no está preocupada por esas cosas así que no pierdas tu tiempo en cosas que no son relevantes para ellos.
- No expliques nada. Si vos explicás qué es la inflación, vas a tener que decir que la emisión monetaria genera inflación, que entonces debería reducirse la emisión y que si hacés eso tendrías un ajuste fiscal donde la gente va a perder su trabajo y eso no queremos que lo digas. Cuando seas gobierno hacé lo que vos creas, pero no lo digas ahora en medio de un debate.

- Decí que están mintiendo con la inflación o decí cualquier cosa; hablá de tus hijos.
- No ataques al resto de los postulantes durante la discusión y no te defiendas si en algún momento tus rivales adoptan una postura agresiva contra tu persona.

Los consejos dieron su fruto. En esa elección, el partido de Mauricio Macri ganó con el 35% de los votos, y Sturzenegger ingresó al Congreso junto a otros cuatro diputados. La pregunta que sobrevuela esta anécdota es si vale todo con tal de llegar al poder. Porque de esas manipulaciones nacen las desconfianzas de la sociedad hacia los representantes, así se generan las frustraciones colectivas por acumulaciones sostenidas de promesas incumplidas. Así mueren lentamente las democracias.

Como vemos, el mundo de la consultoría política es un arma de doble filo. La misma hoja de plata que brilla también puede cortar y dejar heridas muy profundas.

La psicología del poder

> De afuera el poder erotiza, de adentro te querés morir.
> **Emilio Monzó**

Hay algo más importante que ganar una elección: mantenerse en el poder. Y hay algo más difícil que ganar una elección y mantenerse en el poder: no enloquecer.

Muchas veces, ante la inmensidad del poder, el político está demasiado solo para tomar decisiones trascendentales. Y en esa pugna por salir ilesos de la batalla cuerpo a cuerpo con el poder, los asesores también cumplen un rol fundamental. Estos consejeros además de asesorar en estrategias electorales o comunicacionales terminan en muchas ocasiones haciendo de muletas emocionales de los políticos. Se convierten en psicólogos, confidentes. Escuchan, aconsejan, sugieren. Pero sobre todo escuchan, para que el político no se sienta solo, no se guarde sus broncas, sus dudas, sus dilemas.

Al contrario de lo que muchos creen, en lo más alto del poder hay demasiada soledad, por lo que ese vínculo entre asesor y asesorado es esencial y a la vez muy frágil, rodeado de múltiples tensiones y tentaciones. El desfiladero es muy angosto y el peligro de mezclar lo personal con lo profesional es permanente.

Allí reside la destreza del buen consultor: en no traicionar la confianza, en no dejarse tentar por la vanidad del poder y tener muy claro que su razón de ser no es figurar, sino ayudar a que el líder tome las mejores decisiones aún en los peores momentos, que son los que abundan en la gestión pública.

Parece una obviedad tener que aclararlo, pero el sentimiento antipolítico ha ido escalando tanto que es preciso recordar que los hombres y las mujeres que se dedican a la cosa pública también padecen estrés, ansiedad, miedos y ataques de pánico. Si bien hay quienes disfrutan y gozan del poder, hay muchos que lo sufren, y ese padecimiento es una verdadera ancla a la hora de gobernar.

A veces se arrepienten de lo que acaban de decir o hacer. A veces sencillamente no saben qué tienen que decir o hacer. No son más que seres humanos ordinarios con responsabilidades extraordinarias. De ellos dependen la vida, el patrimonio, la libertad, el presente y el futuro de millones de personas. De sus bocas pueden surgir discursos que pacifiquen o que crispen. Que apacigüen los conflictos o que hagan estallar una nueva guerra. Que suba el precio de la luz o que bajen los alquileres. Y si esa presión constante no se gestiona bien, no solo es un problema para la propia persona camuflada en el traje de político, sino para toda la sociedad de la cual dependen sus decisiones.

Es innegable que si nuestros políticos no tienen una inteligencia emocional acorde al lugar que ocupan, lo más probable es que no hagan bien su trabajo. Es decir, la democracia funcionará peor si quienes tienen la obligación de representarnos están enfermos. La duda cae por su propio peso. ¿Si tenemos una sociedad cada vez más agotada, que recurre a la automedicación como una salida rápida para paliar su malestar y que tiene que tomar pastillas para conciliar el sueño, por qué nuestros políticos deberían estar sanos y lúcidos?

Según la Organización para la Cooperación y el Desarrollo Económico (OCDE) en 2022 se consumieron en España 98,4 dosis diarias de antidepresivos por cada mil habitantes, superando holgadamente la media europea que se ubicó en 70,3, un 18% más desde 2019. De hecho, España es el tercer país de la UE con más consumos de antidepresivos, solo superado por Portugal y Suecia. Y los políticos, aunque muchas veces se nos olvide, son producto de esa misma sociedad.

Emilio Monzó, presidente de la cámara de diputados durante la presidencia de Mauricio Macri en Argentina lo dijo sin tapujos en una entrevista en el canal de *streaming* Cenital. «De afuera el poder erotiza, de adentro te querés morir. No es fácil esto».El expresidente argentino Eduardo Duhalde, quien gobernó el país luego de la crisis del 2001 por un período de quince meses, contó en más de una oportunidad que durante su breve paso por el poder tuvo alucinaciones recurrentes. Lo solucionó buscando ayuda en unos médicos adventistas que eran dueños de una clínica de rehabilitación en la provincia de Entre Ríos. Los tuvo varios meses alojados en la Quinta de Olivos hasta que mejoró. «Veía que había un río con pescados saltando», relató Duhalde. «Seguro era por el estrés. Uno no puede tener uno, diez o quince impactos psicológicos todos los días y mantenerse bien. El ser humano no está preparado para eso», concluyó.

No hay muchos relatos que cuenten con tanta claridad las marcas que la mala gestión de las emociones puede acarrear. Son más comunes las historias que hablan de superhombres que pueden con todas las crisis, cuando en realidad ellos mismos están gestionando enormes crisis internas al mismo tiempo. Es cierto que hay personas que sufren el poder y otros que lo disfrutan, pero más allá del carácter de cada cual: el poder nunca pasa desapercibido en el cuerpo de los que lo transitan. Muchas veces las marcas son invisibles, pero están, y quedan para siempre.

Ian Kershaw es catedrático de Historia Moderna en la Universidad de Sheffield, uno de los más reconocidos biógrafos de Adolf Hitler y autor de un libro imprescindible para entender qué había detrás de los principales liderazgos que tuvo el siglo xx, *Personalidad y poder*. Allí nos recuerda que es imposible entender por qué pasó lo que pasó si no hacemos un esfuerzo por meternos en sus cabezas. Lo hace con minuciosidad y maestría al indagar en las biografías de Stalin, Hitler, Mussolini, Lenin, Franco, Churchill, Tito, De Gaulle, Eisenhower, Gorbachov, Thatcher y Kohl.

> Muchos de estos líderes se vieron a sí mismos como personas marcadas por el destino, capaces de cambiar la historia, y eso lleva a unos rasgos comunes: el ego y el narcisismo. Tenían un deseo de poder, una pulsión muy fuerte. Pero sus circunstancias individuales fueron muy diferentes.
>
> Sin duda, Churchill era una persona tremendamente egocéntrica. Y Eisenhower. Y Charles de Gaulle, al que defino como demócrata, aunque desde muchos puntos de vista era un líder con un estilo muy autoritario, y muy egocéntrico, pero mucho. Creo que el ego es una característica que comparten todos los políticos que describo.

Cada vez que el diputado argentino Miguel Pichetto (candidato a vicepresidente de Mauricio Macri en 2019) tiene oportunidad recomienda el libro de Ian Kershaw. Lo hizo en varias declaraciones públicas, pero también lo hace en privado. Es un convencido de que para entender la política primero hay que entender a los políticos y para ello no hay nada más elemental que indagar en su estructura de pensamiento, sobre todo en su faceta emocional.

En dos frases lo resumió de manera meridiana. «En el fondo de un político hay un sujeto carenciado… que necesita ser reconocido y el amor individual no sé si le alcanza», le confesó al periodista Iván Schargrodsky en mayo de 2024. «En el subconsciente de un político hay un niño solo con la necesidad de que la gente lo quiera», completó la idea tres meses después en otra entrevista.

Alberto Lederman es consultor en liderazgo de organizaciones y lleva más de cincuenta años trabajando con tomadores de decisiones de primer nivel. Su especialidad consiste en comprender de qué manera las biografías y los factores emocionales de los líderes inciden en el funcionamiento de las instituciones y la vida pública. Utilizando un método similar al de Edgar Allan Poe en «La carta robada», indaga en las condiciones biográficas «omitidas» por el personaje. Dice Lederman en su libro *Biografía del poder:*

> Las biografías personales marcan y moldean los proyectos y, sin embargo, las omisiones que las personas suelen imprimir sobre su propia historia son notables. En general, aparece omitido un hecho traumático de mucha relevancia que les ha sucedido en alguna oportunidad y que influye en su forma actual de hacer las cosas, sin que tengan registro de ellos.

De esta manera, los líderes moldean el mundo en función de lo que tienen dentro. «No se puede cambiar la sociedad ni se pueden cambiar los comportamientos de una institución si no cambia la cabeza de las personas que la lideran». El político sin el poder no existiría. Es como el agua para la tierra. Pero Lederman pone el foco en la relación enfermiza que muchos líderes políticos terminan estableciendo con el poder. El poder se convierte en esa droga dura que no pueden dejar, en ese refugio tranquilizador que los protege de sus propios miedos, traumas e inseguridades.

La figura del *ghostwriter* o cómo esculpir la palabra en la era de la inmediatez

> Leer es cubrirse la cara. Escribir es mostrarla.
> **Alejandro Zambra**

La figura del escritor de discursos es uno de los secretos mejor guardados de la política. Todos saben que existen, pero muy pocos podrían identificarlos con nombre y apellido. Como pocas veces se les conoce la cara, muchos los llaman *ghostwriters* o escritores fantasma. Pero son personas de carne y hueso. A veces con una inclinación militante hacia el partido o gobierno que los contrata, y a veces no.

En el mundo anglosajón el anonimato no es un requisito fundamental, de hecho, hasta ellos mismos terminan publicando libros hablando de su experiencia, como un trampolín para posicionarse dentro del mercado profesional.

Algunos tándems míticos de escritor y político: Ted Sorensen y Kennedy; William Safire y Nixon; Peggy Noonan y Reagan; Michael Dobbs y Thatcher; Ann Lewis y Clinton; Charlie Fern y Bush; Philip Collins y Blair; John Favreau/ Cody Keenan y Obama; Stephen Miller y Trump; Vinay Reddy/Carlin Reichel y Biden; Quentin Lafay y Macron.

En España darle publicidad a estas parejas suena a herejía, pero las hubo: Fernando Ónega y Adolfo Suárez; José Enrique Serrano/Julio Feo y Felipe González; Pedro Arriola / Pedro Aragonés y José María Aznar; José Andrés Torres Mora y José Luis Rodríguez Zapatero; Ignacio Peyró y Mariano Rajoy; Luisgé Martín y Pedro Sánchez; Jorge Moruno y Pablo Iglesias.

En Latinoamérica están en un punto medio entre ambos mundos: ni son los rockstars que las series norteamericanas nos muestran, ni tampoco los hombres sin rostro de la política española. Hernán Iglesias Illa y Julieta Herrero estuvieron con Mauricio Macri, Alejandro Grimson con Alberto Fernández y Ximena Jara con

Michelle Bachelet, por poner algunos ejemplos. Hay un caso emblemático a principios de la década de 1950 que une Argentina y España: el escritor y diplomático valenciano Manuel Penella de Silva (hijo del conocido músico Manuel Penella Moreno) fue el *ghostwriter* de Evita.

Pueden ser novelistas, ensayistas, académicos, periodistas, guionistas, traductores, diplomáticos. Pero nunca, o de manera muy excepcional, las principales figuras políticas escriben sus propios discursos. Ni el rey ni el presidente del Gobierno ni los ministros ni los altos cargos institucionales. Tampoco los presidentes autonómicos ni los alcaldes de los grandes municipios. Pueden hacer sugerencias, modificaciones, incorporar ideas, pero el texto en sí nunca surge de su mano.

No basta con que el político en cuestión sea un brillante orador. Si no hay detrás alguien que le haga brillar y trabaje como un escultor profesional de la palabra, difícilmente el resultado será memorable.

Más allá de que sean conocidos o no, lo importante es que su «máscara» no se deje ver en los textos que escriben. Esto es lo verdaderamente importante. Que su presencia sea transparente en el texto, porque allí a quien debe verse es al político que habla. Escribir discursos políticos requiere de una triple destreza: que sea bueno, que parezca verdadero y que sea invisible.

Como en la literatura, en los discursos políticos hay un pacto tácito de lectura. Un acuerdo entre el que «dice» y el que «recibe». Como si este último le dijera al emisor: «Sé que no sos vos, pero te creo igual. Elijo creerte». El problema (que empieza siendo semántico, continúa siendo comunicacional y acaba siendo político) es cuando se rompe la sensación de verosimilitud, cuando los hilos del barrilete son más visibles que el objeto que planea.

La gracia de la ficción es que no lo parezca. La gracia del *ghostwriter* es que nadie se acuerde de que está allí, moviendo los labios del ventrílocuo. Porque en el instante mismo en que el truco es descubierto, el público se levanta y el titiritero pasa de mago a embaucador.

Es válido preguntarnos cuáles son los límites a la hora de escribir para otro. Quizás el plagio sea el límite más evidente, pero a veces sucede, y en ese momento falseamos el lenguaje y devaluamos la palabra. Así lo hizo el presidente Javier Milei al copiar parte de su discurso del 24 de septiembre de 2024 en la sede de las Naciones Unidas en Nueva York. Milei reprodujo exactamente un monólogo del capítulo 15 de la cuarta temporada de *El ala oeste de la Casa Blanca*. En dicho episodio, el presidente de EE. UU., Josiah Bartlet, interpretado por Martin Sheen da un discurso frente a sus colaboradores más cercanos:

> Estamos a favor de la libertad de expresión en todas partes. Estamos a favor de la libertad de culto en todas partes. Estamos a favor de la libertad de aprender… para todos. Y como en nuestra época, se puede construir una bomba en tu país y traerla al mío, lo que ocurra en tu país es asunto mío. Por eso estamos a favor de la libertad frente a la tiranía, en todas partes, ya sea bajo la apariencia de opresión política, Toby, o esclavitud económica, Josh, o fanatismo religioso, C. J. Esa idea fundamental no se puede afrontar simplemente con nuestro apoyo. Hay que afrontarla con nuestra fuerza. Diplomática, económica y materialmente.

En 2024, dijo el presidente Milei:

> Creemos en la libertad de expresión para todos; creemos en la libertad de culto para todos; creemos en la libertad de comercio para todos y creemos en los gobiernos limitados, todos ellos. Y como en estos tiempos lo que sucede en un país impacta rápidamente en otros, creemos que todos los pueblos deben vivir libres de la tiranía y la opresión, ya sea que tome forma de opresión política, de esclavitud económica o de fanatismo religioso. Esa idea fundamental no debe quedarse en meras palabras; tiene que ser apoyada en los hechos, diplomáticamente, económicamente y materialmente.

El 22 de abril de 2024, en un mensaje grabado, aseveró: «La era del Estado presente ha terminado». Una escena demasiado parecida a un capítulo en el que Toby Ziegler, el *spin doctor* de Bartlet, le dice: «La era del gobierno grande ha terminado».

En realidad, el autor intelectual tiene nombre propio: Santiago Caputo, el principal asesor político y comunicacional de Milei. El hombre en las sombras que a veces hace confundir al presidente e impide que distinga la realidad de la ficción es un confeso admirador de la serie creada por Aaron Sorkin.

«Caputo vio la serie *The West Wing*, completa, entre siete y nueve veces. Pero además le sugirió a la cúpula de Move Group (la consultora que fundó) que quien quisiera ingresar a la empresa debía ver la serie como condición ineludible», detalló el periodista Hugo Alconada Mon en un perfil que escribió para el diario *La Nación* el 4 de agosto de 2024. El título ya era elocuente: «Santiago Caputo, el consultor que cruzó la línea y se convirtió en el monje negro de Javier Milei».

4. El mapa del nuevo relato político

El pragmatismo de los duros

Todos los medios son buenos cuando son eficaces.
Jean-Paul Sartre

El pragmatismo, como concepto filosófico y estratégico, constituye una pieza central en el desarrollo del pensamiento humano, pero también de las prácticas políticas a lo largo de la historia. En una primera —y amplia— mirada, el pragmatismo supone la búsqueda de soluciones por encima de cualquier idea prefijada.

Acudamos por un momento a la etimología. El término «pragmatismo» proviene del griego πραγμα («pragma»), que significa «acto», «hecho» o «cosa realizada». Este origen expresa, precisamente, la esencia del pragmatismo: un enfoque centrado en la acción y los resultados concretos. De hecho, en la Antigua Grecia, los sofistas ya exploraban ideas pragmáticas al colocar el éxito retórico por encima de la verdad absoluta. Más adelante, los romanos adoptaron una postura parecida para elaborar sus leyes y políticas. Soluciones adaptadas a sus necesidades.

El Renacimiento y la Ilustración también fueron períodos históricos claves para el desarrollo del pragmatismo. En el siglo XVIII, Benjamin Franklin, uno de los padres

fundadores de los EE. UU., enfatizó su defensa del pragmatismo al destacar valores como la utilidad en políticas
sociales y científicas. Franklin sostenía que el valor de las
ideas y teorías —políticas y científicas— residía en la posibilidad de aplicarse de manera práctica para mejorar la
vida de las personas. En otras palabras: si cumplían con
ese objetivo, servían; de lo contrario, debían descartarse.
Un buen ejemplo de ello fue su impulso a la creación del
primer cuerpo de bomberos voluntarios, un caso tempra-
no de colaboración comunitaria para resolver problemas
comunes. Esta visión de Franklin influyó, decididamente,
en la fundación de los EE. UU.

En la modernidad, el concepto fue abordado por el
filósofo estadounidense Charles Sanders Peirce, hacia
finales del siglo XIX. Peirce, reconocido como el fundador del pragmatismo en la modernidad, utilizó esta
corriente filosófica para introducirlo como un método
al servicio de aclarar ideas y conceptos mediante efectos prácticos y verificables. Pero aunque el pragmatismo
fue conceptualizado por Peirce en el siglo XIX, durante
la era clásica hubo pensadores, como Aristóteles, que
elaboraron e hicieron uso de las ideas pragmáticas en
su ética y política. Todo ello con un solo objetivo: el
impulso del bienestar humano.

Pero el desarrollo más conocido y expandido de la
idea y concepto de pragmatismo se da en la Edad Media,
más precisamente en el siglo XVI, de la mano de Nicolás
Maquiavelo. En su célebre obra de 1513, *El Príncipe*, el
filósofo y escritor italiano ofrece una guía para gobernantes basada en la eficacia política por sobre los principios
morales. Allí, Maquiavelo rompe con las tradiciones idea-
listas que entendían a la política como una virtud y, en

contraposición, ofrece una interpretación más realista y pragmática del ejercicio del poder. El capítulo 17, donde expone su famosa frase «mejor ser temido que amado», es una prueba cabal, como en no pocos pasajes de la obra, de su esencia pragmática.

En la actualidad, el pragmatismo ha adquirido una dimensión renovada en el discurso político. Claro, el tribunal instantáneo y voraz que suponen las redes sociales hace que ejercitar la gimnasia del pragmatismo requiera de mayor audacia y un ingenio más sofisticado. En un mundo donde la circulación de información transita a velocidades cada vez más altas y las expectativas ciudadanas están dominadas por la impaciencia, el pragmatismo ha incorporado —además del componente racional— la dimensión emocional como pieza fundamental e insoslayable de su lógica. Esta evolución, a la vez, muestra una fuerte tensión entre la tradición y la innovación política, muchas veces resistida por los gobernantes.

Veamos, para ello, tres casos de cómo el pragmatismo actúa en la modernidad, sobre todo en quienes a priori expresan dureza en sus ideas y brutalidad en sus formas, pero también actúan con mucha cintura para ejercer la gobernabilidad: Javier Milei, Nayib Bukele y Giorgia Meloni.

Milei: el pragmatismo disruptivo

Analizar la figura de Milei, más allá del fenómeno, implica hacer una doble distinción, o al menos un corte: el Milei en campaña y el Milei presidente. Incluso, si vamos más atrás, podemos pensar en un Milei prepolítico. En todo caso, cabe imaginar que se trata de la evolución de una figura que fue desde la teoría (previa irrupción en la arena electoral) hacia la praxis política (ejercicio del poder).

La reconocida escritora argentina Beatriz Sarlo, en su libro *La Audacia y el Cálculo* alguna vez definió al expresidente Néstor Kirchner como un «político interesante y audaz. No un loquito de la política». Esta caracterización bien podría caerle al actual presidente argentino. Si nos quedamos con la viva imagen de un *loquito,* caeríamos en una caricaturización del personaje. Sería partir de un mal diagnóstico y, por ende, de un erróneo análisis. Sin la intención de realizar un exhaustivo análisis de él o de su gobierno, queda claro que hay, además de uno prepolítico y otro político, un Milei en campaña y otro propio del ejercicio del gobierno.

Hay un Milei de campaña que dice que no hará negocios con gobiernos comunistas, como por ejemplo, según él, los de Lula da Silva y Xi Jinping. Y hay un Milei, ya como presidente, que señala a la China del Partido Comunista como «un socio interesante». Eso, claro está, no significa que renuncie a alinear su política internacional con socios más afines ideológicamente, como EE. UU. e Israel. Pero sí evidencia un cambio significativo, que implica saber cabalgar esta contradicción (entre otras).

Su pragmatismo no se limita al ámbito internacional. En lo doméstico, Milei también hace uso de él. Este movimiento estratégico le ha permitido tejer alianzas con sectores propios de lo que él ha denominado «casta» que, como ya vimos, constituye un elemento central en su retórica. Esas alianzas van desde amplios sectores del PRO de Mauricio Macri —lo cual genera menos ruido por estar ideológicamente más cercanos— hasta acuerdos a priori contra natura, como los que ha alcanzado con algunos grupos más conservadores del peronismo.

Bien vale recordar su intervención en la CPAC (Conferencia de Acción Política Conservadora), conocida también como la internacional de ultraderecha, de diciembre de 2024, celebrada en Buenos Aires y donde Milei fue el gran anfitrión: «Cualquiera que quiera defender estas ideas espalda con espalda con nosotros es bienvenido, sea quien sea y haya estado donde haya estado, pero las ideas no se negocian».

Su comunicación también goza de fuertes dosis de pragmatismo. Simple, directa, efectiva y sin intermediarios. También caótica, es cierto, pero eso es lo que le da autenticidad y, en efecto, le permite acumular adhesiones.

Como bien señala el periodista Iván Schargrodsky, durante el primer aniversario del gobierno libertario, Milei ha desafiado las iniciales expectativas de caos —debido a su forma de ser y su radicalidad— a través de políticas que oscilan entre el extremismo y el realismo, utilizando instrumentos de praxis política tanto heterodoxos como ortodoxos.

Su ascenso refleja cómo el pragmatismo político, cuando se combina con una narrativa emocional y un estilo comunicacional innovador, tiene la capacidad para transformar el escenario político de un país. En ese sentido, no hay dudas de que, independientemente de cómo termine el experimento Milei, el lenguaje, el tono y la conversación política de este país se ha modificado. Es cierto, no es la figura del libertario quien la ha transformado en sus inicios, sino el contexto de deterioro creciente. Pero resulta obvio que Milei ha sido el actor fundamental en canalizar el enojo colectivo e interpretar correctamente el clima de época de la Argentina.

El pragmatismo de Milei, en todo caso, demuestra que ha tomado nota de dos cosas: ha aprendido de los errores de la fallida experiencia macrista (2015-2019) y de los aciertos del kirchnerismo (2003-2015). Sobre este último, particularmente, en lo que fue la construcción del poder durante el primer gobierno kirchnerista.

Bukele: el pragmatismo autoritario

El caso del presidente salvadoreño Nayib Bukele es tan interesante como particular. Por un lado, es el único líder de la región latinoamericana que —aunque con cuestionables métodos— ha logrado solucionar el, tal vez, principal y más común problema de las sociedades latinoamericanas: la inseguridad ciudadana. Todo ello, en un país (y una región) con altos índices de criminalidad. Soluciones efectivas para problemas históricos.

Esto, a diferencia de otros ejemplos autoritarios de la historia, se hace con una fuerte cuota de espectacularización y entretenimiento. El centro penitenciario de máxima seguridad, donde conviven alrededor de cuarenta mil detenidos, conocido como CECOT (Centro de Confinamiento del Terrorismo), se ha convertido en el principal caballo de batalla del presidente Bukele. El CECOT, fuertemente criticado dentro y fuera de El Salvador por las condiciones a las que los presos son sometidos allí dentro, constituye el corazón de su ultrapragmatismo. *Influencers,* periodistas y otros observadores son invitados a conocerlo y documentarlo: espectaculares operativos policiales y cinematográficos despliegues comunicacionales, con drones incluidos, introducen la dimensión tecnológica e innovadora. El CECOT es, según el propio Bukele, la mejor prueba de la eficiencia de sus polémicas medidas.

Su pragmatismo se expresa en mostrar cómo la efectividad de sus políticas genera resultados tangibles. Todo ello, con una fuerte carga de autoritarismo. Su narrativa está centrada en la eficacia: los logros, como la reducción de homicidios, se presentan como evidencia de que los medios extremos son necesarios y justificables. Todo vale.

En el plano económico, Bukele también ha adoptado un enfoque pragmático que combina audacia y, al igual que con la seguridad, no está exento de controversia. La adopción de Bitcoin como moneda de curso legal en 2021 es un ejemplo claro de esta estrategia. Con ello, Bukele buscó posicionar a El Salvador como un líder en innovación financiera y atraer inversión extranjera, pero también ha tenido que recibir críticas debido a la volatilidad de la criptomoneda y su impacto negativo en las finanzas del país. Este movimiento refleja el pragmatismo audaz de Bukele, dispuesto a asumir riesgos significativos para alcanzar objetivos ambiciosos, y a la vez resalta los desafíos de equilibrar la innovación con la estabilidad económica. Es, también, un intento de hacer más atractivo y amigable el país, y que no quede signado por la dureza de su aparato represivo.

Bukele, al igual que Milei, opta por una comunicación frontal, sin intermediarios. Apunta al llano, sin eufemismos. Ese estilo —del que quizás sea su precursor— hace que, por ejemplo, presente estadísticas para reforzar la utilidad y efectividad de sus medidas. Eso, que convierte en digerible la información y aprehensible sus medidas difíciles de explicar abiertamente a la sociedad, también constituye un ejercicio de pragmatismo.

Su pragmatismo, muchas veces llevado a ultranza, también tiene una contracara: limar y socavar las capacidades de las instituciones y su contrapeso. Como consecuencia, su gobierno (su figura) ha concentrado enormes cuotas de poder con hábitos poco saludables en términos democráticos. Su gobierno ha sido acusado de minar la independencia judicial y de utilizar el estado de excepción como una herramienta para consolidar su control político: la seguridad por encima de todo. Estas prácticas, aunque efectivas para mantener su popularidad y garantizar la implementación rápida de sus políticas, plantean dilemas sobre dónde están los bordes de la democracia y su eficiencia. Pero también, abre el interrogante de si en nombre de la eficiencia y las soluciones está legitimado el «todo vale».

La combinación de tecnocracia, populismo y pragmatismo convierte a Bukele en un caso singular dentro del panorama político latinoamericano. Su capacidad para articular soluciones concretas, comunicar sus logros de manera efectiva y mantener un alto nivel de popularidad lo posiciona como un referente de liderazgo pragmático en la región. Sin embargo, su estilo de gobierno también plantea duros e incómodos interrogantes acerca de los límites. En otras palabras: si soluciona un problema tan grave como es el de la criminalidad, pero lo hace a un costo muy alto, ¿sigue siendo efectivo?

Meloni: el pragmatismo nacionalista

Desde su ascenso al poder en 2022, y contrario a las expectativas iniciales, Meloni ha adoptado una narrativa que mezcla la defensa de los valores tradicionales y la soberanía nacional con una postura más moderada y pragmática en temas clave. No porque esa narrativa que exalta la identidad nacional no estuviese dentro de las posibilidades iniciales, sino por su baja propensión a caer en ideologismos exacerbados que, dado el contexto político italiano, la podrían convertir fácil y rápidamente en cadáver político.

En el ámbito doméstico, Meloni ha volcado la mayor parte de sus esfuerzos en la defensa de dos cuestiones: la familia y la identidad italiana (los valores). Como bien señala Franco Delle Donne, director de Epidemia Ultra, un proyecto de divulgación y análisis de estudios sobre la derecha radical en el mundo, Meloni representa un buen ejemplo para entender la metamorfosis de un político que salta de los márgenes indeseables y se convierte en una figura que encarna los intereses de la mayoría; la ventana de Overton personificada.

Su ultraconservadurismo en política nacional contrasta con la agenda pragmática que aplica en Bruselas. Allí, por ejemplo, se mantiene en línea con temas claves de la coyuntura europea, como la guerra en Ucrania. Mientras que en temas migratorios parece haber apostado a que —poco a poco— su modelo se convierta en aceptable e incluso exportable. Modelo Italia, estilo Meloni.

La propia trayectoria política de Meloni expresa su pragmatismo. Su génesis política se da a principios de los noventa en el Movimento Sociale Italiano, aquel espacio neofascista nacido en la segunda posguerra. El MSI concebía a la democracia como algo contrario al desarrollo y la identidad nacional, a la igualdad como un error y a los derechos humanos como una abominación. Todo eso estaba presente en la Meloni noventera, ciudadana de la Europa postmuro.

La derecha radical, de la que Meloni hoy día es parte, en cambio, representa algo diferente: la narrativa actual de Fratelli d'Italia, la fuerza política a la que pertenece la primera ministra, apuesta a jugar dentro de los márgenes del sistema democrático. El objetivo no es otro que reformar —con más paciencia que ansiedad— los puntos considerados «inconcebibles» que la sociedad moderna, según ellos, trastocó.

El norte, como bien apunta Delle Donne, es imitar la experiencia ultraconservadora y autoritaria del líder húngaro Viktor Orbán. Pero no solo en el contenido de sus propuestas, sino también en el estilo de gobernanza. Un método para gobernar y proyectar su forma de ejercer el poder que se centra en la toma de decisiones encaminada a normalizar sus ideas. Es decir, para que dejen de parecer extremas. Y para ello hace falta una cintura cargada de pragmatismo.

El apriorismo y la rapidez con la que se desarrollan las dinámicas políticas en la actualidad, han llevado a que el discurso político evolucione hacia formas cada vez más pragmáticas. Hoy en día, un cambio de postura o bien un giro en la línea discursiva de un político, puede ser rápidamente expuesto, amplificado y replicado de manera masiva. La clave, por lo tanto, está en cómo se hace la cirugía que permite regenerar espacios y crear realidades políticas alternativas.

Los líderes priorizan mensajes que resuenen inmediatamente con las preocupaciones y emociones de los ciudadanos. Este pragmatismo puede derivar en un ultrapragmatismo, una estrategia discursiva que, aunque pueda parecer más simple, simplifica soluciones, elimina matices y adapta posturas para maximizar el impacto en una audiencia diversa y polarizada.

En *Los ingenieros del caos* (2020), el escritor y ensayista ítalo-suizo Giuliano da Empoli señala esto mismo. Dice que «la fórmula de los ingenieros del caos y de los nuevos líderes políticos es precisamente ira más algoritmo. Es una ira que existe en la sociedad, que no crean, pero sobre la que trabajan, le dan poder y la utilizan». Una forma de conciliar una vieja emoción con la velocidad de la modernidad. Todo ello se traduce en discursos brutales y crueles, que responden más a la urgencia de las tripas que a la razón del cerebro.

La izquierda y el museo de la revolución

> Lo peor es no ver que la nostalgia
> es señal de engaño o que este otoño
> la misma sangre que tuvimos canta
> más cierta en otros labios.
> **José Ángel Valente**

En la planta baja estaban las oficinas. En el segundo piso, los salones oficiales del Estado, el despacho presidencial y el comedor. En el tercer piso, la casa del presidente. En el cuarto piso estaba la guardia que protegía al presidente permanentemente. Esa era la distribución hasta que la Revolución cubana tomó el poder el 1 de enero de 1959. Allí, el comandante en jefe Fidel Castro formó el primer gobierno provisional revolucionario y llevó a cabo el proceso de nacionalización de todas las empresas privadas que existían en Cuba.

En un discurso del propio Fidel Castro en la terraza norte del edificio destacó que ese sitio no era querido por el pueblo porque le recordaba a los gobiernos anteriores. «Habrá que buscar en el futuro un uso para que el pueblo le tome cariño a este lugar», dijo el 8 de enero de 1959.

Así fue como el 12 de diciembre de 1959 el entonces ministro de las Fuerzas Armadas Revolucionarias de Cuba, Raúl Castro, decretó la creación del Museo de la Revolución, que se inauguraría en 1974.

Recorrer sus más de treinta salas de exposición y 9.000 piezas expuestas nos ofrece un viaje cronológico desde la etapa precolombina hasta los años más recientes de la realidad política local.

Un busto de José Martí, un tanque utilizado por Fidel Castro en Bahía de Cochinos en 1961, vida y obra del Che Guevara, los avatares del asalto a Moncada en 1953 y hasta el yate Granma que utilizaron los ochenta y dos revolucionarios en 1956 provenientes de México. A través de fotos, armas, objetos y documentos históricos se muestran las viejas batallas, las luchas heroicas, las caras cansadas de los mártires, las consignas gastadas contra el vecino malvado. Todo allí huele a mito. Hasta la escalera central del palacio aún conserva los agujeros de bala de un fallido ataque en marzo de 1957 por un grupo de estudiantes que intentó asesinar al dictador Fulgencio Batista.

Dentro del palacio está bien guardada la memoria de gran parte de la tradición de la izquierda latinoamericana y occidental. Pero todo allí es pasado. Fuera del palacio, el doloroso presente. Y el futuro no está. Ni dentro ni fuera. Sencillamente no existe. Nadie se pregunta por él.

La metáfora se explica sola: la revolución es un sueño eterno que se conjuga en tiempo pretérito y hoy la izquierda poscomunista en cualquier parte del planeta, salvo contadas excepciones, se parece bastante a ese edificio de más de cien años, que debe someterse a refacciones constantes para mantenerse abierto al público.

A mediados del siglo xx, la izquierda se abrazó a la causa antiimperialista, independentista y revolucionaria. Hubo conquistas sociales, gestas históricas, huelgas que culminaron en nuevos derechos, levantamientos inolvidables y movilizaciones multitudinarias. El motor de la ideología funcionaba porque caminaba de la mano de las necesidades y los dolores de los pueblos que decía representar.

La llama estaba viva. Había fuego, leña y tiempo. Había una causa, había un líder, había un horizonte común por el que valía la pena luchar. Había mítines, discursos a pie de calle y militancia de base. Había un relato que apelaba a lo mítico del pasado y no se dormía en los laureles de lo conseguido. Iban por más. Empujaban la utopía siempre un poco más adelante, como escribía Eduardo Galeano.

Hoy, «las causas» están difusas, los líderes brillan por su ausencia y el ancho espectro ideológico conocido como «la izquierda» está carente de ideas y es incapaz de construir un futuro que ilusione.

El motor de la ideología ya no funciona, porque se volvieron viejos los dirigentes y envejecieron mal sus ideas. No solo no evolucionaron, sino que muchas veces miran con arrogancia a sus adversarios y a quienes osan criticarlos con espíritu constructivo.

Se quedaron sin llama, sin leña y sin tiempo.

En un giro de guion que mezcla patetismo y nostalgia, los proyectos de izquierda hoy representan cada vez a menos personas. Si nos ponemos exigentes, diríamos que solamente se representan a ellos mismos y a los de su tribu más cercana.

Hoy pesan más las vanidades de los dirigentes y el internismo feroz de las diversas facciones que la preocupación por los dolores cotidianos de la gente de a pie. Hoy pesa más la necesidad de calentar sillones en despachos oficiales y garantizar cuotas de poder para los propios que aglutinar una propuesta electoral de mayorías que le dispute el sentido común a la agenda reaccionaria y neoliberal. Hoy pesa más el interés particular que el general, que es la génesis de la sensibilidad de las izquierdas. Hoy pesa más la superioridad moral de la élite intelectual que la autocrítica, porque vale más tener razón que tener ideas nuevas. Hoy pesa más decir «soy de izquierdas» que hacer políticas de izquierdas. Hoy pesa más la cultura de la cancelación que la de la libertad. Hoy, en definitiva, tenemos una izquierda que se volvió demasiado conservadora por intentar ser woke.

Y eso se refleja con claridad en el cuadrilátero del discurso público, donde conviven esas tensiones y carencias que moldean el sentido común. No perdamos de vista que el discurso político es una pizarra de arena donde se reescriben palabras y articulan nuevos lenguajes para representar nuevos intereses de manera cotidiana. Vale la pena preguntarse entonces:

¿Qué palabras nuevas está escribiendo la izquierda? Ninguna.

¿Cuántas palabras se dejó «robar» a manos de la derecha? Varias.

Nombremos solo algunas para hacernos una idea: libertad, casta, justicia, mérito, futuro, cambio. La batalla cultural es la antesala de la derrota electoral y discursiva. Dejó de ser la opción del conjunto, para ser la de una parte. Dejó a un lado las demandas materiales para abrazar casi únicamente a las posmateriales.

Hagamos un breve repaso por la historia reciente para comprenderlo mejor.

Una vez caído el muro de Berlín, y tras una década de triunfo absoluto del neoliberalismo, a partir de los 2000 surgieron varios liderazgos de corte progresista en América Latina que volvieron a instalar en el imaginario colectivo la causa de la justicia social, el Estado presente y la necesidad de repensar las relaciones geopolíticas con el resto del mundo en clave regional, haciendo hincapié en la soberanía estratégica de los países del sur global.

Las distintas experiencias progresistas tuvieron desempeños diferentes en cada país, con altibajos, con mejoras sustantivas en la calidad de vida de sus habitantes en algunos casos y retrocesos evidentes en otros.

Pero básicamente en todos los casos se encontraron con cinco grandes obstáculos que determinaron su declinación:

- Imposibilidad de designar a un sucesor que continúe su legado de manera no traumática.
- Imposibilidad de contener las demandas e incluirlas en su proyecto político de gran parte de las capas medias urbanas que habían sofisticado sus reclamos.
- Imposibilidad de sostener políticas de distribución de la renta basadas en modelos principalmente extractivistas de materias primas.
- Imposibilidad de abordar agendas nodales para la vida cotidiana como la seguridad ciudadana y la disminución del poder adquisitivo.
- Imposibilidad de compatibilizar agendas con temáticas de ampliación de derechos de minorías sexuales o

étnicas sin abandonar la problemática por el aumento del costo de vida, el alquiler, etcétera.

En paralelo, el fortalecimiento de espacios de derecha que llegaban al poder por elecciones libres (Chile, Uruguay, Argentina) o por golpes de Estado o maniobras de dudosa legalidad (Brasil, Bolivia, Paraguay) hicieron que el ciclo más fecundo del progresismo latinoamericano llegara a su fin.

Además, es necesario destacar que no fue menor el daño —real y simbólico— que le propinó a todo el ideario progresista los giros autoritarios en países como Nicaragua y Venezuela, que marcaron un enorme retroceso en materia de libertades individuales, violación a los derechos humanos y aumento de la desigualdad y la pobreza. En definitiva, hubo buenos y malos gobiernos. Hubo aciertos y errores en todas las latitudes donde las ideas progresistas fueron gobierno.

Pero hoy, ¿dónde está parada la izquierda? Las preguntas son más certeras que las posibles respuestas. ¿Será capaz la izquierda de generar un nuevo relato que vuelva a encender los motores de su ideario? ¿Qué utopía se puede construir en el segundo cuarto del siglo XXI cuando los estados cada vez tienen menos presencia y las corporaciones tecnológicas parecen dominarlo todo? ¿A qué trabajadores aspiran a representar si hoy las clases populares están más interesadas en admirar a multimillonarios que quieren poner un pie en Marte que en empatizar con los de su propia comunidad de vecinos? ¿Por qué la izquierda ya no es aspiracional? ¿Por qué los jóvenes no quieren ser, como pidió Fidel Castro tras el asesinato de Guevara en Bolivia en 1967, «como el Che» y prefieren ser como Musk o Galperin?

Bernie Sanders lo dijo con una honestidad brutal el día posterior a la victoria de Donald Trump en noviembre de 2024: «No debería sorprendernos demasiado que un Partido Demócrata que ha abandonado a la clase trabajadora descubra que la clase trabajadora lo ha abandonado».

Volvamos a la imagen del Museo de la Revolución.

Cerquita del Malecón, a cinco minutos andando del mar Caribe, la izquierda está tranquila dentro del palacio. Allí se codea con sus mitos, dialoga con sus próceres y nadie le cuestiona sus dogmas. Allí siempre ganará la discusión. Allí siempre triunfará la revolución. Afuera, en la calle, la realidad es otra. Para conocerla deberán abandonar sus trincheras y animarse a no tener razón o a equivocarse dejando a un lado los prejuicios y evitando que la melancolía sea la única consejera.

En definitiva, si la izquierda tiene todo el pasado por delante y no asume el futuro como campo de batalla, difícilmente será capaz de construir un horizonte posible de ilusión colectiva. La revolución debe dejar de ser un museo para pasar a ser una agenda cargada de audacia, empatía y futuro. Aún están a tiempo. ¿Lo harán?

El pragmatismo de los progres

> La única forma de combatir al socialismo es desde la derecha. El extremo centro, sus posiciones y sus herramientas son siempre y en todo lugar funcionales a la izquierda criminal.
> **Javier Milei**

Hubo un tiempo no muy lejano en el que ser progre estaba bien. Era *cool*. Estaba de moda. Era políticamente correcto. La espiral del silencio operaba en contra de todo aquel que tuviese alguna mirada más conservadora o reaccionaria sobre determinados temas. El tabú era ser de derechas. El riesgo era ser tildado de «facha». En una cena con amigos, en el trabajo, en una sobremesa familiar. En el cara a cara lo «políticamente correcto» era lo hegemónico.

Pero desde hace una década, el discurso antiwoke empezó a generar una contracorriente fortísima que hizo dar vuelta a la tortilla de la opinión pública y, como destaca el ensayista argentino Pablo Stefanoni, «la rebelión se volvió de derechas». La pandemia solo aceleró un estado de ánimo colectivo que se estaba incubando desde las entrañas de una parte de la sociedad.

Hasta Facebook, la red social que nació como un espacio amable que parecía venir a democratizar la discusión pública y conectaba a personas de todo el mundo, dejó de ser «progre» porque… ser progre ya no es negocio.

Así lo decidió Mark Zuckerberg, al cambiar el documento de normas de la comunidad de Meta sobre discursos de odio, que protegía al colectivo LGTBI, uno de los más atacados en las redes sociales. Desde enero de este año, los usuarios de Facebook, Instagram y Threads (la red de Meta que imita al antiguo Twitter) pueden referirse a las personas gais o trans como «enfermos mentales», «inmorales», «anormales» o afirmar que no son hombres o mujeres «reales». Las nuevas normas también permiten negar su propia existencia, asociándola a trastornos que se pueden tratar con terapias de conversión.

La crueldad avanza. El progresismo, retrocede.

El auge de las redes sociales que facilitó tanto el anonimato como la sensación de libertad, los triunfos resonantes de líderes políticos antiprogres como Trump y Bolsonaro y la naturalización de las narrativas que fomentan el rechazo a ese mundo progre (que abarca desde las reivindicaciones a las minorías étnicas, sexuales, pasando por la defensa de los migrantes, la preocupación por el cambio climático o la causa feminista) hicieron el resto del trabajo. Y la izquierda, claro, también tuvo su cuota de responsabilidad al dejarle a la derecha servidas en bandeja sus propias debilidades.

El historiador cultural alemán, Jens Balzer, lo describe con claridad en su libro *After Woke* («Después de lo *woke*»). Allí critica sin tapujos cómo buena parte de la izquierda perdió su brújula identitaria al preocuparse más por sancionar lo que está bien y lo que está mal en lugar de sembrar un discurso transversal de manera pedagógica y no excluyente.

> El Partido Verde se lo puso fácil a sus críticos para decir: estas élites verdes quieren decirle a todo el mundo lo que debe hacer, no se preocupan por la gente corriente. Hay un libro muy interesante de Nancy Fraser sobre el neoliberalismo progresista, orgullosos de tener amigos de otras razas, que quieren niños trans porque así son incluso más libres… pero luego trabajan para Google o para Uber, para toda esa economía de mierda que está destruyendo el mundo. El Partido Verde y el gobierno actual se han convertido en una metáfora de esas élites. Yo voto al Partido Verde y cada año pienso: ¿podré volver a hacerlo?
>
> La generación de mi hija nunca les votaría, aunque participaron en los Fridays For Future. Alternativa para Alemania ha conseguido, de algún modo, convertirse en el partido de la libertad: «Con nosotros puedes hacer lo que quieras,

puedes volver a llamar a los negros con la palabra de la N (*nigger*, en inglés). En la izquierda, mientras, con toda esta fragmentación, están muy ocupados, boicoteándose los unos a los otros».

La confusión entonces es mayúscula. Si están desorientados los dirigentes, ¿cómo no lo van a estar los ciudadanos? Vale preguntarse entonces si las categorías analíticas que nos ayudaron a entender gran parte de los fenómenos políticos del siglo xx hoy siguen sirviendo para explicar lo que nos ha pasado en este primer cuarto del siglo xxi.

Vayamos por un instante a las fuentes y preguntémosle a un pensador europeo indiscutiblemente de izquierdas, como Edgar Morin, qué es eso de «ser de izquierdas» hoy. Lo tiene bastante claro:

> Ser de izquierdas significa tomar elementos de tres fuentes principales, y de una cuarta: del anarquismo, el individuo libre; del socialismo, una sociedad mejor; del comunismo, una hermandad humana. Estas tres nociones se han separado y opuesto y, para mí, estas tres nociones deben estar asociadas. La cuarta es la relación con la naturaleza que nos enseña la ecología.

Hagamos el mismo ejercicio con otro intelectual, el sociólogo francés Didier Eribon. Según él, la cosa estaba mucho más clara en el pasado que en el presente, donde hay más claroscuros que certezas. Así lo deja por escrito en su ensayo autobiográfico *Regreso a Reims*.

> Para mi familia, el mundo se dividía en dos grupos: los que están «con los obreros» y los que están «contra los obreros»

o, según una variación del mismo tema, los que «defienden a los obreros» y los que «no hacen nada por los obreros». Cuántas veces habré oído esas frases que resumen la percepción de la política y las elecciones que derivan de esta. De un lado, estaba el «nosotros» y los que están «con nosotros»; del otro, estaban «ellos». ¿Quién pasó a cumplir el papel del «Partido»? ¿A quién pueden acudir los explotados y desfavorecidos para sentir que alguien se expresa por ellos, que los apoya? ¿A quién pueden dirigirse, acercarse, para darse una existencia política y una identidad cultural; para sentirse orgullosos de sí mismos porque están legitimados por una instancia poderosa? O simplemente: ¿quién tiene en cuenta quiénes son, de qué viven, qué piensan, qué desean?

Posiblemente sea difícil encontrar alguien que se defina como socialdemócrata si nació luego de 1990. Habría que preguntarse qué es ser socialdemócrata hoy. Pareciera que la cosa es más sencilla si nos arriesgamos a definir a la socialdemocracia como «la izquierda posible» o «la izquierda pragmática». Pero todo, siempre, es más complejo.

Arrinconados por los extremos estatistas y neoliberales, los socialdemócratas quedaron en un punto medio que se parece bastante a la irrelevancia y a la incomodidad. Empecemos por decir que no es la ideología en boga y que son muy pocos los líderes mundiales que se referencian bajo este paraguas ideológico.

La gran excepción es el presidente de España, Pedro Sánchez, que además fue elegido presidente de la Internacional Socialista (IS) en noviembre de 2022, convirtiéndose así en el primer español en lograrlo.

La IS, fundada en 1951 reúne a 132 partidos socialistas, socialdemócratas y liberales y tuvo como máximas autoridades a referentes de la talla de Willy Brandt o Antonio Guterres. La amalgama allí reunida es bastante amplia: desde la Unión Cívica Radical de Argentina, que formó una coalición electoral con Mauricio Macri, hasta el Partido Revolucionario Institucional de México o el Partido Liberal Colombiano.

Sin pretensiones revolucionarias, la socialdemocracia ha intentado a lo largo de su historia establecer políticas reformistas buscando el equilibrio entre las apetencias del mercado y las obligaciones del estado. Según su ideario, en el marco de una economía mixta, el Estado tiene un rol fundamental como igualador de oportunidades fomentando políticas de bienestar social.

Si tuviésemos que resumir el espíritu socialdemócrata en una frase seguramente no hay otra más exacta que la pronunciada en 1958 por el entonces alcalde de Berlín Willy Brandt, quien llegaría a ser canciller de su país once años más tarde: «Tanto mercado como sea posible, tanto Estado como sea necesario».

Un axioma atractivo y eficaz para la posguerra europea, basado en la teoría de la economía social de mercado de Alfred Müller-Armack, para diferenciarse tanto del capitalismo salvaje que crea sociedades desiguales como del comunismo que fracasa a la hora de producir y ser competitivo.

A lo largo del siglo xx hubo tres hitos fundamentales que marcaron a fuego el proyecto socialdemócrata y le dieron oxígeno a estas ideas: el programa de Godesberg del SPD en 1959, el gobierno laborista en Reino Unido en 1964 y el congreso extraordinario del PSOE de 1979, donde el partido abandona definitivamente su ideario marxista. Pero de todo aquello pasó demasiado tiempo. Cayó el muro de Berlín, derribaron las Torres Gemelas, explotó la crisis financiera de 2008 y la pandemia en 2020 puso en tela de juicio otra vez más las certezas que el estado de bienestar europeo había construido en los últimos setenta y cinco años.

¿Pero en qué falló entonces la socialdemocracia europea, que supo ser faro de progresismo y modernidad y hoy se distingue poco de las recetas económicas neoliberales? El periodista de *El País* Claudi Pérez, en una nota titulada «Panfleto urgente sobre la Doctrina Trump», lo resume con claridad:

> La socialdemocracia –incluidos los demócratas de Estados Unidos– ha fallado estrepitosamente; sus élites están cada vez más lejos de los de abajo a pesar de que dicen, con la boca pequeña, que la desigualdad es el mayor desafío de nuestros tiempos. Porque Trump ha sabido sacarse la máscara y deshacerse del discurso atiplado de las élites liberales y acercarse más a la gente. Porque la sucesión de crisis de los últimos tiempos ha dejado una mezcla intragable de cabreo, incertidumbre, temor y miedo.

¿Qué significa, entonces, ser socialdemócrata hoy? Digamos que significa, antes que nada, una excepción mundial porque prácticamente no hay en este momento experiencias socialdemócratas en países importantes. Sobran los dedos de una mano para contarlos.

El caso puntual del PSOE y Pedro Sánchez representa una excepción dentro del ecosistema ideológico mundial. Su liderazgo resiliente y su plasticidad a la hora de lograr acuerdos a izquierda y derecha dentro de un amplio abanico plurinacional (sobre todo con apoyos del independentismo catalán y vasco) le dieron aire para poder desplegar, por primera vez en la democracia española, una coalición progresista que pudo revalidar.

Pedro Sánchez es el ejemplo claro de un socialdemócrata en extinción que tiene tanto de audaz como de pragmático, que es capaz de estirar sus líneas rojas con tal de conservar el poder. El más progresista de los pragmáticos y el más pragmático de los progresistas.

Su receta, que repitió cada vez que se enfrentó a las urnas, fue agitar el miedo a la ultraderecha para aglutinar la mayor parte del voto progresista. El problema es que la ultraderecha cada vez tiene menos de fantasma y más de realidad. Ahí está uno de los principales desafíos del progresismo que pretende gobernar: construir una narrativa creíble que se base no solo en el rechazo al otro sino en las virtudes que implica avanzar en derechos y en mejoras de la calidad de vida para la clase media y trabajadora. En definitiva, si no se moldean nuevos mundos, como apuntaba el filósofo británico Mark Fisher, el futuro ya tiene dueño.

La indeterminación de los moderados y la tentación ultra

> Los malos han comprendido algo que los buenos no saben.
> **Woody Allen**

«Todo en su medida y armoniosamente», dijo Juan Domingo Perón en 1973, tras volver de su exilio de dieciocho años. La frase, dada a conocer por el mítico general, fundador del movimiento político más trascendental en la historia argentina de la segunda mitad del siglo xx, sin embargo, no es obra suya; fue tomada del libro *Vidas paralelas,* de Plutarco.

Aquel Perón, que había señalado que volvía a pacificar el país y se describía a sí mismo como un «león herbívoro», no pudo encontrar el camino de la paz ni el de la armonía. Las tensiones entre los extremos, a izquierda y derecha dentro de su movimiento, que no pudo zanjar, lo condujeron hacia indeterminaciones de carácter histórico. En sus últimas apariciones llegó a sentenciar: «Mi único heredero es el pueblo». Una frase tan histórica como dramática.

Más allá de lo anecdótico y las diferencias en términos de cultura política de cada país, aquel hecho encierra —a grandes rasgos— el dilema del centro, de la moderación política. Mucho más donde hoy, como bien explica Giuliano da Empoli en *Los ingenieros del caos,* el proceso de acumulación política y comunicacional ha cambiado significativamente. Pasamos de uno newtoniano, es decir, la suma de bloques sociales, a otro cuántico. En ese sentido, Da Empoli señala que, en una realidad newtoniana, donde la política funciona en ese sentido, las personas no viven una *realidad compartida.* Sino que, por el contrario, hay un acuerdo general con respecto a lo que es verdad y lo que es aceptable. No es una realidad compartida, sino una realidad consensuada cuyos acuerdos son compartidos por el conjunto. Pero al pasar de una política newtoniana a una cuántica, la realidad objetiva y observable deja de funcionar, explica.

La realidad actual, para Da Empoli, está sujeta a constantes cambios. Los observadores cambian a diario y la vinculación interrelacional (sentido de comunidad, sesgos de confirmación) pesa más que la propia objetividad. Es decir, los observadores ponderan la excitación por encima de la propia realidad objetiva. Así, afirma, pasamos de una realidad discutida desde un gran centro político, hacia otra desde los extremos. En el pasado, cuando uno quería construir una mayoría social, debía hablarle a toda la comunidad, al conjunto de la sociedad. De hecho, cuando los partidos tenían dentro de sí elementos radicales, el centro generaba anticuerpos para atomizarlos. El objetivo, entonces, era no perder el centro, que era donde se suponía que se ubicaba la mayoría de la ciudadanía; donde estaba el grueso de votantes.

Eso, en una realidad cuántica, y por tanto en una política también cuántica, ya no opera así. En el contexto actual, los mensajes racionales y razonables no tienen rédito; no gustan en las redes, no generan *likes*, no son replicados. En otras palabras: no generan *engagement*. Solo la indignación genera atención.

Ya sabemos por qué el *hate* se mueve fácilmente y cómo son los códigos del lenguaje modernos. Ahora bien, habría que preguntarse por qué el comentario indignante y cargado de odio moviliza más que el consenso; por qué el consenso no está de moda.

Da Empoli también encuentra una respuesta para eso. Señala que cuando la ira trepa y alcanza niveles de alta irritación colectiva, lo que sucede —en cualquier sistema político, en cualquier cultura política— es que se llega a un «estado caníbal». Es allí donde se produce una inversión de los valores, que adoptan formas anárquicas. A ello, lo denomina la «época de Carnaval»: un momento en el cual el descrédito y la desconfianza reinan y los valores, producto de la excesiva acumulación de ira, se subvierten. En ese estadio, la experiencia política deja de tener una carga positiva y la inexperiencia política, el amateurismo en esta materia y la brutalidad del lenguaje, por el contrario, se vuelven algo valorable y positivo.

Habiendo analizado cómo funciona la dinámica actual de acumulación política y construcción de poder y por qué *el consenso* atraviesa su hora más difícil desde la caída del telón de acero, veamos algunos ejemplos de cómo los moderados intentan integrarse en esta época. Tres ejemplos actuales, variados, pero cuya moderación ha sido puesta en cuestionamiento más de una vez y la tentación por acercarse a las posiciones más ultras se les ha ofrecido (con mucha presión) reiteradamente.

Emmanuel Macron: el equilibrista

Resulta difícil imaginar cómo será recordada la presidencia de Emmanuel Macron. A priori podemos decir, a grandes rasgos y sin entrar en valoraciones políticas, que sus legislaturas al frente de la República habrán estado marcadas —en el plano local— por la gestión de crisis significativas. Por ese motivo podemos poner el ojo en sus habilidades pragmáticas. Sin embargo, esa pulsión constante entre el utilitarismo de la realpolitik y el deseo de construir un gran centro nacional, con la tentación por las posiciones ultras, ha convertido al presidente francés en un verdadero equilibrista.

La crisis de los chalecos amarillos en 2018, las protestas contra el plan de reforma de las pensiones en 2019 y

2020, la pandemia, la guerra en Ucrania o las turbulencias políticas de 2024 han marcado a fuego sus mandatos y su figura como presidente.

Cuando en octubre de 2018 el precio de los combustibles en Francia subió, posiblemente nadie en la oficina del presidente, o incluso en el Ministerio de Economía y Finanzas, entendió la profundidad —y quizás la naturaleza— del enojo. El geógrafo francés Christophe Guilluy, que lleva tiempo estudiando el comportamiento de los estratos bajos y medios de la sociedad occidental en general y de la francesa en particular, señala con elocuencia en *Los desposeídos* (2024) que ya no se trata de un juego entre propietarios ricos y trabajadores pobres, sino de algo mucho más hondo. Son grupos enteros que, aunque diversos y contradictorios, ven reconfigurada su identidad por completo, tanto en lo subjetivo como en lo objetivo. Así, concluye que, en la sociedad de hoy las clases populares ya no forman parte de la categoría «enemigos», sino de la de los «olvidados».

Francia fue testigo de una revuelta que no necesitaba grandes consignas ni estrategias comunicacionales sofisticadas. La imperfección y la improvisación eran un valor positivo y de legitimidad, al tiempo que le daban autenticidad a las mismas. Un grito. Un golpe sordo que iba desde la periferia —del poder y del Estado— al centro. En un país con tradición a la revuelta y acostumbrado a la protesta social y política, los chalecos amarillos irrumpieron por sorpresa. Pero no solo por su inusitada fuerza, sino por sus componentes: descentralizados, convocados desde las redes sociales, sin estructuras formales ni líderes. No era 1789 ni 1968. Era otra cosa. Algo completamente nuevo.

Un simple objeto, un chaleco de seguridad amarillo fosforito, se convierte en un símbolo de resistencia. La reacción inicial de Macron a la crisis de los chalecos amarillos no fue bien recibida. El gobierno reprimió las protestas. El presidente, por su parte, optó por mostrarse relativamente distante, tanto en términos de comunicación como en sus medidas para abordar las demandas del movimiento. En lugar de un enfoque inmediato, prefirió defender su política económica y fiscal. El problema fue que esto reforzó la sensación de desconexión de la élite política con lo que sucedía en amplias capas de la sociedad francesa. El movimiento, en cambio, adquirió vida propia y se ramificó.

Fue allí donde nace el primer gran giro estratégico, la primera muestra importante de pragmatismo, de Emmanuel Macron: convocó el Gran Debate Nacional, una serie de encuentros en todo el país para discutir con los ciudadanos sobre sus preocupaciones. Esta medida fue interpretada como un intento de reconciliación, aunque no exenta de críticas. Según Guilluy, este tipo de crisis evidenció la creciente desconexión entre el gobierno y las clases populares, algo que Macron tuvo que afrontar con novedosas y audaces estrategias de comunicación. Y sostiene que sujetos políticos como los chalecos amarillos «no son un accidente de la historia», sino consecuencia directa de esta disociación entre el palacio y la calle.

Su estilo muchas veces percibido como tecnocrático y su tendencia a priorizar las soluciones racionales sobre las emocionales han sido percibidos por algunos sectores como distantes y desconectados de las preocupaciones cotidianas de los ciudadanos. Prueba de ello fue la manera en la que zanjó —en septiembre del 2024— el vacío de poder, y la posibilidad de que su gobierno cayera en desgracia luego del traspié electoral en las legislativas de junio, con la elección del conservador Michel Barnier como primer ministro. Cuando la lógica imperante en la opinión pública de aquel momento indicaba que se aliaría con el Nuevo Frente Popular de Jean-Luc Mélenchon, que se había impuesto en aquellos comicios. La decisión de Macron, en todo caso, fue una apuesta por la gobernabilidad con fuertes dosis de realismo político; en contraposición con la batalla y trinchera ideológica que hubiese supuesto acordar con el frente de izquierdas.

El equilibrio de Macron entre el centro y la derecha, entre el mercado y la justicia social, entre el medioambiente y la competitividad industrial, ha sido, tal vez, tanto su mayor fortaleza como su principal debilidad. Por un lado, el centro, la justicia social y el ecologismo fueron los que lo llevaron al Eliseo. Pero esas mismas apuestas lo han llevado a posiciones de fuerte vulnerabilidad frente a aquellos sectores que le exigen mayor determinación para enfrentar las desigualdades estructurales que afectan al país.

En un contexto global en el que el centro político parece estar desmoronándose, Macron representa una excepción. Su promesa de modernización sigue vigente, pero la pregunta que queda abierta es si su estilo será capaz de sostenerse frente a un electorado cada vez más desilusionado con las promesas incumplidas. La tentación de radicalizarse en un momento donde buena parte de la opinión pública ya lo está, se encuentra servida en bandeja de plata.

Mauricio Macri: cerrar o no la grieta, esa es la cuestión

La fórmula de Macri para su llegada a la presidencia argentina en 2015 fue —en los términos de Da Empoli— newtoniana. Se encargó de abrazar a toda la comunidad; a los que lo votaron y a los que votaron a otras opciones, especialmente al candidato del kirchnerismo, Daniel Scioli. De hecho, en un spot electoral de cara al ballotage entre estos dos, en noviembre de ese año, Macri decía:

> Si el 25 lo votaste a Scioli, quiero decirte algo importante. Si llego a ser presidente, vas a ser parte del cambio. Vas a estar incluido. Y no voy a parar de trabajar hasta que vos, tus hijos y tu familia, estén mejor. Y no lo hago para que me votes ahora, sé que no lo vas a hacer y lo respeto. Lo hago porque un presidente debe trabajar para todos».

Una rebaja del tono beligerante que lo alejaba de la grieta[3] y dejaba expuesto al candidato del gobierno kirchnerista como alguien progrieta. Hoy, a la luz de su actual comportamiento político, parece mentira que solo hayan pasado diez años.

Recapitulemos brevemente. Macri, nacido en el seno de una familia de empresarios de origen calabrés y heredero de una importante fortuna, incursionó en la política en el año 2003, luego de un exitoso paso por la presidencia del club Boca Juniors, cargo que asumió en diciembre de 1995. Su llegada a la política no fue, ni mucho menos,

---

3 Nombre por el cual, desde 2012, en Argentina se conoce a la polarización política moderna.

un paso natural ni predecible para muchos. Estaba enraizada en la ambición de una parte importante del establishment argentino de renovar la centroderecha nacional, un espacio que, tras el colapso político, económico y social del 2001-2002, necesitaba una reinvención urgente.

Atrás había quedado el agotamiento de la figura del expresidente Carlos Menem, de su modelo económico de la Convertibilidad e incluso de su cerebro, el exministro de economía Domingo Cavallo, caído también en desgracia en diciembre de 2001. La frustrada experiencia del 2003, con la candidatura de Ricardo López Murphy, que en las elecciones de abril apenas había logrado cosechar poco más del 16% de los votos, fue el síntoma final de la necesidad de renovación. Así, mientras Néstor Kirchner daba sus primeros pasos en la presidencia con un programa de gobierno regulador de la economía y la derecha sociológica estaba huérfana, Macri se lanzó a la *política grande* con una nueva y renovada idea: Propuesta Republicana, el PRO.

El cambio no fue solo de oficio, también de tono. Macri, que había consolidado su imagen en el fútbol con éxito y reconocimiento popular, supo trasladar ese liderazgo a la política. Renunciando —con astucia— a la palabra «partido» en el *naming*, el PRO era el hijo de la práctica de los *think tanks,* de la innovación ideológica y la heterogeneidad organizacional. La consolidación de su imagen como un líder exitoso en el mundo del fútbol, lo acercó, primero, a las capas medias urbanas y, luego, a los estratos menos favorecidos.

En 2003, se presentó como candidato a jefe de gobierno (alcalde) de la Ciudad de Buenos Aires. Macri y su equipo de campaña habían entendido que el electorado porteño —especialmente— estaba mutando, y la mayoría rechazaba la discusión y la polarización política, y el desencanto político era el principal elemento aglutinador. Pero, quizás por subestimar la magnitud de la incursión en la que se adentró, o tal vez por el contexto, la primera aventura política de Macri no pudo ir más allá de ser la primera minoría en la primera vuelta, para después perder con el entonces jefe de gobierno, Aníbal Ibarra, candidato de Kirchner.

A partir de entonces, Macri se convirtió en un producto político, o más bien pospolítico, sumamente exitoso. En 2005, ganó las elecciones de medio término en la ciudad de Buenos Aires; el paso previo para, ya sí, convertirse en su alcalde en 2007, revalidar en 2011 y dar el gran salto en 2015 con el triunfo presidencial. Es decir, aprendió de sus errores en su génesis política para ganar todas las elecciones en las que participó desde el 2005 hasta su fallida reelección presidencial en 2019.

A lo largo de su trayectoria política, podríamos decir que Macri rechazó tres grandes tentaciones. La primera, cuando se lanzó a la política y Carlos Menem le ofreció ir bajo el paraguas del peronismo. Es decir, su primer gran no fue a la política tradicional. La segunda, cuando en mayo de 2011 —previo al cierre de lista para las elecciones presidenciales de aquel año— desistió de participar de las nacionales y se presentó para revalidar la jefatura de gobierno porteño. La muerte de Néstor Kirchner, en octubre de 2010, había catapultado la popularidad y las opciones electorales de la entonces presidenta Cristina Fernández de Kirchner, que terminó imponiéndose en primera vuelta. Presentarse hubiese significado pagar el costo de una dura derrota. Y la tercera, tal vez la más audaz, tuvo lugar en 2015, cuando rechazó alinear su espacio con Sergio Massa, en aquel momento el otro principal opositor al gobierno kirchnerista. Aquella osadía le permitió apropiarse del concepto de «cambio» y presentarse como la figura central de esa promesa, lo que finalmente le otorgó la presidencia.

En el presente, Macri y su espacio político enfrentan el novedoso desafío de compartir el menú antiperonista, liberal y conservador. Ya no son la única alternativa para ese electorado. De hecho, por primera vez desde su existencia, es la segunda marca de ese gran espacio sociológico, lo que representa una incomodidad que invita a reflexionar en la posibilidad de un gran giro estratégico. Ante esa tensión, Macri hace un juego de equilibrio entre mantener su esencia moderada y contenida o apretar fuertemente hacia posiciones más ideologizadas con retóricas más duras.

Dos posibles consecuencias de caer en la tentación ultra: una externa y otra interna. Por un lado, es evidente que tiene que adaptarse a un electorado que ha cambiado, y que ve cada vez con más confianza la figura de Javier Milei; su estilo, ideas y formas ya no solo no repelen, sino que, en Milei, les resultan elementos atractivos. Pero, al mismo tiempo, si el PRO disputara este terreno podría encontrarse con algunos peligros. Aunque pudiera traerle réditos electorales inmediatos, perdería su vocación de mayorías y espantaría a aquellos votantes moderados que en Macri vieron una opción sensata para superar los excesos de la retórica y la política kirchnerista. Mientras que, por otro lado, en el plano interno también tendría consecuencias, algunas ya las estamos viendo: la radicalización rompe la cohesión interna. Es evidente, no es algo exclusivo del espacio de Juntos por el Cambio.

Asimismo, existe otro riesgo: quedar atrapados en un ciclo de polarización, donde el PRO pierda capacidad competitiva y no tenga la inventiva y creatividad suficiente para ofrecer al conjunto del electorado, o incluso al propio, una alternativa a Milei. Así, la búsqueda de un votante más intenso, ruidoso y movilizado —que prefiere un cambio más radical— podría acabar siendo un espejismo por efecto de la congestión en el terreno de los votos ultra. En otras palabras: la excesiva cantidad de figuras y voces radicalizadas podría saturar el espacio y mermar la capacidad de combate y competitividad del PRO en ese terreno, en el que no deja de ser un intruso.

Alberto Núñez Feijóo: la serenidad del Atlántico en el huracán del Mediterráneo

En la política española, donde, en los últimos años, los extremos suelen imponer la narrativa, Alberto Núñez Feijóo, líder del PP desde abril de 2022, ha procurado navegar con una brújula distinta. El líder gallego ha cultivado una imagen de moderación, intentando distanciarse de las voces más radicalizadas de la esfera pública. Una postura que, como es de suponer, encuentra detractores tanto fuera como dentro de su partido.

El gran PP de la segunda mitad de la década de los noventa, dirigido por el entonces presidente del gobierno José María Aznar, que contenía a todas las sensibilidades de la derecha española —desde la extrema derecha nostálgica del franquismo, hasta las posiciones más liberales clásicas, pasando por las élites conservadoras— ha dejado de existir desde hace ya bastante tiempo. Quizás desde el 15-M, o tal vez un poco antes. La aparición de fuerzas más liberales, como Ciudadanos de Albert Rivera, más duras, como Vox de Santiago Abascal, o incluso más delirantes, como Se Acabó la Fiesta de Alvise Pérez, ha erosionado la base de votantes del PP. La particularidad de estos ejemplos es que, buena parte de sus dirigentes proviene de las filas del propio PP. Así, la elección de Feijóo como presidente del PP fue una puesta por ocupar el centro político, con la idea de disputarle terreno a Sánchez en una España cada vez más marcada por la alta polarización.

Su llegada viene de la acumulación de pasos firmes y discretos. Desde Galicia, donde gobernó más de una década con mayoría absoluta, construyó una idea de liderazgo que pretende proyectar más allá de los límites de su comunidad autónoma. En un país donde la política parece dictada por las emociones, Feijóo intenta ofrecer a la ciudadanía española previsibilidad. Ahora, la pregunta es: ¿es suficiente en tiempos como estos?¿Sirve en la era de la crueldad?

Feijóo y el PP tienen dos ejemplos medianamente recientes para pensar cómo alcanzar la Moncloa. Solo hace falta remontarse al 2019; a las elecciones generales de abril y su repetición en noviembre.

En las primeras, el PP se enfrentaba —casi a ciegas— a un enorme desafío. No solo era su primer test electoral luego de la moción de censura de mediados de 2018 que llevó a la caída del gobierno conservador de Mariano Rajoy, sino también el primer gran enfrentamiento con la otra nueva marca de la derecha: Vox, que había sorprendido con buenos resultados en las elecciones autonómicas de Andalucía, en diciembre de 2018. Así, ante el auge de la ultraderecha, pero también el de la otra opción de centroderecha, Ciudadanos, el PP, liderado por el palentino Pablo Casado, se vio ante la siguiente disyuntiva: ¿moderación o radicalización?

En abril, el PP de Casado optó por una estrategia de endurecimiento del discurso. Al predominio natural en la estrategia electoral de confrontar con el gobierno socialista de Pedro Sánchez, se le sumó, debido al contexto del *procés* en Cataluña, la fuerte oposición al separatismo catalán y la defensa de la unidad de España. Durante los meses previos y a lo largo de la campaña electoral, habló tanto de «mano dura» contra el separatismo catalán como de respetar los valores occidentales. Esto, a lo que también hay que agregar la radicalización de la retórica antifeminista, constituyeron elementos decisivos en la estrategia discursiva. El brutalismo y la crueldad presentes en aquel discurso de Casado son, muy probablemente, difíciles de encontrar en un líder popular en el pasado, al menos con esa fuerza y esa centralidad.

Este giro a la derecha de Casado causó sorpresa y fue criticado dentro y fuera del PP. La sensación que más recorría la opinión pública era la percepción de una pérdida de identidad por parte del PP al intentar emular las posiciones más extremas de Vox. El resultado no fue otro que la pérdida de casi la mitad de los votos obtenidos en las generales de junio de 2016 y el peor resultado de la historia del PP desde su fundación en 1989.

A la vez, su movimiento a la derecha dejó descubierto su lado más blando y liberal: Ciudadanos aumentó un tercio de sus votos y su representación en el Congreso de los Diputados. Es decir, el endurecimiento no solo no fue creíble, sino que en su alejamiento del centro perdió apoyos.

Tras ese error de cálculo, el PP entró en un debate interno que lo llevó a un retorno de sus bases e identidad de cara, primero, a las elecciones autonómicas y municipales de mayo de ese año y, luego, a las generales de noviembre. Así, se dio la tarea de reconstruirse como una opción de mayorías en la disputa por ser el gran partido nacional; una fuerza política del todo y no de una parte. Este cambio fue también ayudado por la fallida estrategia de Ciudadanos en la formación de gobierno. La pérdida de crédito por parte de la fuerza emergente expuso a los de Rivera y, por contraste, le devolvió seriedad a los populares.

En consecuencia, el PP recuperó más de 670.000 votos y veintinueve escaños. Es cierto que siguió quedando por debajo del PSOE, pero para el PP no fue una elección más. El resultado ni siquiera fue lo más relevante del proceso electoral: lo verdaderamente revelador fue el contraste entre ambas estrategias.

En ese escenario se hizo evidente la necesidad de recuperar un liderazgo que le permita acercarse más a su esencia, que le permita construir y representar mayorías. A primera vista, queda claro que la moderación le trajo mejores resultados que asemejarse a la radicalidad de Vox. Sin embargo, la reflexión ha de ser más profunda.

Por un lado, cabe decir que las generales de noviembre de 2019 fueron el último ensayo electoral previo a la pandemia. Como ya señalamos, la crisis sanitaria supuso la aceleración de un proceso que venía gestándose: la polarización y radicalidad de buena parte del electorado.

En segundo lugar, inmersos en dicha aceleración, es indudable que solo con su moderación Feijóo no llegará a la Moncloa, como se demostró en las generales de julio de 2023.

En tercer lugar, España no es Galicia. Feijóo gobernó Galicia por más de diez años con mayorías absolutas. Una realidad que está muy lejos de ser la norma de esta época. Por lo que, en el camino hacia la Moncloa, es cada vez más probable que Feijóo tenga que abrazar a Abascal, quizás incluso a Puigdemont. Eso, lógicamente supone un doble riesgo interno: en lo pragmático, verse fagocitado por el otro gran barón del PP, el presidente andaluz, Juan Manuel Moreno Bonilla; y, en el ala más radical, por la presidenta madrileña, Isabel Díaz Ayuso. En una España donde ya no hay mayorías absolutas ni gobiernos monocolor, Feijóo debe elegir.

Y finalmente, el PP debe desacomplejarse con la ultraderecha si quiere dar un paso hacia adelante. Si hay algo claro en los tiempos que corren es que buena parte del éxito de la ultraderecha es la forma desacomplejada con la que expone sus argumentos. «Hay un caballo en el hospital, ¿y qué?», parecieran decir todos los días. Desde Milei vinculando a la diversidad sexual con la pedofilia en el Foro de Davos, pasando por las amenazas expansionistas de Trump en Groenlandia, Canadá y Panamá, hasta la advertencia de Bukele de quitarle la comida a los pandilleros que cumplen su condena, la ultraderecha le perdió el miedo a la corrección política. Eso sucede porque, posiblemente, estemos asistiendo a la mutación de los valores vinculados a la democracia, que se subvierten y devienen en una nueva forma de concepción democrática.

5. Ideas para salir del laberinto

Qué liderazgos para qué narraciones

Me niego a creer que no se puede ser compasivo y fuerte al mismo tiempo.
Jacinda Ardern

La era de la crueldad parece cada vez más fácil de definir. A medida que comprobamos la brutalidad y la crudeza con las que se desarrollan los acontecimientos, recolectamos más información. Pero también, naturalmente, cuando recogemos más pistas surgen más dudas. Como si al tapar un agujero se destaparan simultáneamente tres.

El escritor y periodista venezolano Moisés Naím señalaba en su libro *El fin del poder* (2013) que este está cambiando de manos, pero también de formas. Una mutación que ha hecho que los poderes hegemónicos y tradicionales pierdan peso ante el auge de los micropoderes. El poder ya no es una pirámide inamovible, sino un organismo vivo, un enjambre que se cuela entre las grietas de las viejas estructuras.

Autores, como Jeremy Heimans y Henry Timms, sostienen que hay un cambio en el equilibrio del poder. Estos autores trazan una diferencia entre el «viejo poder» y el «nuevo poder». Explican que la manera de operar del «viejo poder» se asemeja a una moneda: está concentrado en unas pocas manos, se acumula con cautela y es gestionado de manera exclusiva por líderes que deciden su destino. Un poder cerrado e inaccesible para la mayoría. En cambio, la mecánica del «nuevo poder», aquel que rige hoy día, es muy diferente. Para ilustrarlo, lo describen como una corriente: fluida, expansiva, que se despliega y distribuye entre una amplia multitud.

Heimans y Timms utilizan dos buenos ejemplos que dan cuenta de ello. Por un lado, mencionan el caso de Harvey Weinstein y el movimiento #MeToo. Este famoso productor acumuló su poder y lo utilizó como una moneda: podía lanzar a alguien al estrellato o hacer que jamás volviera a actuar. Este poder, a priori intangible, le dio, también, una protección por parte de la industria, que lo sostuvo durante décadas. Así, las acusaciones por abuso sexual y violencia eran acalladas, impugnadas o incluso no llegaban a ver la luz. Ese sistema basado en jerarquías le dio cobijo, tanto jurídica como simbólicamente. Pero todo ello, como bien apuntan estos autores, constituye una forma de acumulación y gestión del poder que ya no sobrevive. La respuesta a esa forma obscena con la que el «viejo poder» operó fue más que representativa del «nuevo poder»: el movimiento #MeToo.

El *hashtag* se erige como una etiqueta cargada de sentido, una invitación para que las sobrevivientes se unan y forjen redes de solidaridad. En un giro que evidencia el flujo del poder emergente —las redes producen la noticia y los medios la replican—, la comunicación digital se volcó hacia los medios tradicionales: un periodista de *Los Angeles Times* abrió la puerta para que miles de mujeres compartieran sus vivencias, apropiándose del *hashtag* y desbordando los límites de la denuncia inicial. En Francia, por ejemplo, se materializó como *#BalanceTonPorc* y, en Italia, como *#QuellaVoltaChe;* símbolos adoptados por muchas, cuya fuerza reside en su capacidad para transformar la denuncia en un grito colectivo.

En el nuevo poder hay otro sistema de valores, y otro juego de roles. Se basa en la participación masiva y la colaboración de pares para crear cambio. Funciona de manera descentralizada y se escurre rápidamente. Las viejas estructuras no pueden contenerlo y, como una represa que se ve sobrepasada, se resquebrajan. El desborde es tan evidente como incontrolable.

En tiempos donde la crueldad parece haberse institucionalizado, el poder —esa fuerza esquiva y fascinante— muta, se descompone y se reparte en pequeñas dosis. Sin embargo, mientras los viejos líderes todavía sostienen el cetro con manos afiladas, emergen otros, distintos, que se alimentan del dolor social para convertirlo en esperanza. Entre el liderazgo de la crueldad y el liderazgo de la empatía hay un abismo, pero también un delgado hilo de continuidad: ambos entienden el clima de época, pero uno lo exprime mientras el otro lo abraza.

El liderazgo de la crueldad, afilado y pragmático, juega a la desolación. Es esa voz que habla sin filtros, la mano que golpea sin piedad, el discurso que convierte la honestidad brutal en un espectáculo. En ese gris es donde lo genuino y la crueldad se confunden. En cambio, el liderazgo de la empatía busca otra cosa: escuchar, tocar la piel del otro, sentir el latido ajeno. No se trata de ser buenos —esa trampa maniquea— sino de ser sensibles, de reconocer la herida y convertirla en motor. No se trata de ponerse en el lugar del otro, sino en su piel.

Hay, en el fondo, algo en común entre ambos liderazgos: una inmersión total, tanto para ser cruel como para
ser empático.

Si el poder —como dice Naím— ya no solo cambia de
manos, sino también de formas, es que hay algo más profundo en esta mutación. Ya que lo que cambia de forma, cambia de fondo. El poder se fragmenta, se filtra,
se vuelve líquido. Se comparte. Ya no hay un centro de
gravedad, sino múltiples polos: desde multimillonarios
con más influencia que países enteros hasta movimientos
ciudadanos que, a través de una pantalla, pueden volcar
gobiernos. Manda la opinión pública. Esta es la paradoja:
nunca hubo tanto poder y, sin embargo, nunca pareció
tan débil, ni tan abstracto, ni tan expuesto a perderse.

Ante este escenario, se alzan nuevas narrativas que
intentan escapar del laberinto del sufrimiento. Es ahí
donde las palabras dejan de ser decorado para volverse
bisturí: empatía, transversalidad, cercanía, resiliencia.
La lista podría ser interminable, pero lo importante es
el contenido. Un liderazgo que apueste por la transversalidad, que se atreva a romper los sectarismos y que en-
tienda que la cercanía no se construye con *likes* sino con
manos apretadas. Que la resiliencia no es una consigna
de autoayuda, sino la capacidad de transformar el dolor
colectivo en una visión de futuro.

Pero ser empático no es suficiente. Hace falta audacia,
una palabra que, a fuerza de repetirse, ha perdido filo.
Audacia para tocar temas incómodos, para abandonar
el confort de lo conocido, para entender que en política —como en la vida— el silencio cómodo siempre es
cómplice. La sensibilidad, en este contexto, deja de ser
una debilidad y se convierte en una trinchera. Conectar

desde el sentimiento no es hacer gala de un sentimentalismo barato, sino ofrecer un refugio en un mundo donde la insensibilidad se ha vuelto norma. A ese refugio, también, habrá que transformarlo en una casa, un hogar que abrace y proteja a quienes anhelan un cambio. Se trata, en definitiva, de transformar un espacio de resguardo en un hogar donde la vulnerabilidad se funde con la fuerza, y donde la empatía y la audacia dibujan y proyectan el contorno de un futuro compartido.

En el borde de todo esto, están los jóvenes, aquellos que parecen vivir al borde del colapso, pero que traen consigo discursos frescos, capaces de oxigenar las narrativas viciadas de las viejas estructuras. Jóvenes que no buscan solo ganar elecciones, sino cambiar la conversación, que saben que el poder ya no se impone: se negocia, se construye, se cede. Pero que, además, ya constituyen una realidad del presente. Con su peso demográfico y su capacidad de influencia están aumentando su incidencia pública y redefiniendo los espacios de participación dentro de los ámbitos de toma de decisiones en nuestras sociedades. En América Latina, las generaciones *millennial* y *centennial* ya constituyen cerca del 50% de la población, en EE. UU. más del 40% y en Europa alrededor de un tercio.

Estas generaciones parecen partidas por los debates modernos. Si tradicionalmente las clases sociales o la contradicción centro-periferia han sido la principal razón de las mayores brechas políticas y culturales, hoy día vemos una ruptura hacia el interior de grupos del mismo origen y edad similar. Esa ruptura intrageneracional no es menor ni inescindible de este debate de fondo, con los hombres volcados hacia la derecha y las mujeres recostándose en la izquierda. De esta manera, los desencuentros hacia el interior de estas generaciones resultan tan grandes que es imposible no pensar que, en esta ruptura semántica, quizás allí encontremos alguna clave para reencauzar el presente e imaginar un futuro alternativo.

Pero para que tal transformación se concrete, es indispensable que emerjan liderazgos capaces de dialogar con la compleja atmósfera de nuestra época. Estos nuevos líderes deben estar en sintonía con los anhelos y las cicatrices de la sociedad; deben ser, en palabras del músico argentino Indio Solari, capaces de entender que hay que «en vez de bajarles línea a los chicos, escucharlos. Porque en sus nervios hay mucha más información del futuro que la que [tienen] tipos de nuestra edad para aconsejarlos. Quizás, esto que está sucediendo, es un acto de rebeldía que todos tendríamos que escuchar. Yo no creo en la malevolencia de esos corazones de doce, trece, catorce años. No creo en eso. No creo que sean malos». Esa filosofía invita a reconocer que la juventud no es un simple estandarte de rebeldía, sino el depósito de una sensibilidad que podría redefinir el devenir de la sociedad.

Este nuevo tiempo requiere liderazgos templados, flexibles, abiertos y con capacidad de maniobrar sin miedo. Es decir, liderazgos opuestos a la arrogancia y la prepotencia. Líderes que no griten para silenciar, sino que hablen para que otros hablen. Que sepan que la excesiva tentación por la inmediatez es la antesala de la caída y que el verdadero desafío es encontrar la justa medida entre la audacia y la humildad. Quizá, después de todo, se trate de construir un contradiscurso eficaz y transversal. Uno que, frente a la idea de que el ajuste más salvaje es la única receta posible, ofrezca una narrativa que vuelva a poner la mirada en el futuro y a este, en el horizonte, y no en el espejo retrovisor. Una narrativa que, sin negar el sufrimiento, permita imaginar —aunque sea un poco— que otro futuro es posible. A fin de cuentas, hay que salir de lo que Marina Garcés llamaba la parálisis de la imaginación: aquella que hace que «todo presente sea experimentado como un orden precario y que toda idea de futuro se conjugue en pasado» y el presente se transforme en «una tabla de salvación, al alcance de cada vez menos gente» y el futuro sea interpretado «como una amenaza».

El reto es mayúsculo: se requiere una apuesta firme por un liderazgo que abrace los temas dolorosos sin rehuirlos, enfrentándolos con la convicción de quien entiende que en la empatía reside la semilla de toda transformación. Un liderazgo que sepa mirar de frente el sufrimiento sin dejarse subyugar por él, que perciba en cada gesto de desamparo la promesa de un cambio inminente. En este escenario, la sensibilidad se revela no como un lujo, sino como la piedra angular para imaginar y construir una sociedad en la que la voz de cada ciudadano se escuche y se haga eco en un diálogo profundo y sincero.

«El momento más oscuro de la noche, es justo el instante antes del amanecer», decía el dominico valenciano Vicente Ferrer y que, haciendo de esta frase un ícono, repitió Winston Churchill. Esta visión se nutre de la convicción de que, para trascender el relato impuesto por la crueldad, es preciso revalorizar aquello que nos hace humanos: la capacidad de sentir, de conectar y de transformar. Es un llamado a dejar de lado la inercia de los viejos paradigmas y abrazar un proyecto colectivo que, en lugar de lamentarse por lo que fue, se fije en lo que aún puede ser. Solo así se abrirá el camino hacia un porvenir en el que la política, la sociedad y la cultura se fundan en la esperanza compartida de un mundo más justo y humano.

En política, para ganar, hace falta algo más que determinación política y disposición a confrontar; hay que persuadir, convencer y construir mayorías. Para enfrentar a la crueldad hace falta una nueva pedagogía política y comunicacional. Y dejar de caricaturizar. El poeta francés Antonin Artaud decía que vivir no es otra cosa que arder en preguntas. Pues bien, para poder ofrecer una alternativa esperanzadora a la crueldad debemos hacernos muchas preguntas. Arder en ellas. Este libro busca ser una llama.

¿Tiene «el centro» la llave para salir del laberinto?

> La esperanza es esa cosa con plumas que se posa en el alma, y entona melodías sin palabras, y no se detiene para nada, y suena más dulce en el vendaval.
> **Emily Dickinson**

Hablaremos de «centro», de futuro y de esperanza. El triángulo de hierro de los que no se resignan en el pantano del discurso político contemporáneo, que oscila entre la crueldad y el caos. Parafraseando al escritor colombiano Gabriel García Márquez, hoy el «centro» político no tiene quién le escriba. Tampoco quién lo vote. Porque sencillamente se ha convertido en un no lugar, una especie de sala de espera interminable que nunca va hacia ningún lado. Es casi una maldición. Pero una maldición necesaria. Ser de «centro» es quedarse quieto esperando una representación que no llega.

Ustedes se preguntarán el porqué de las comillas cada vez que hablamos del «centro». Precisamente, porque sabemos que nos estamos refiriendo a un término resbaladizo, difícil de etiquetar de una manera clara. Pero vale la pena hacer el esfuerzo intelectual por decodificar qué hay detrás de esa palabra y, sobre todo, saber si una vez dentro de ella nos sirve para algo más que para hablar de un vacío conceptual.

En estos tiempos de trincheras ideológicas y discursos polarizantes, la tentación de recurrir a los incentivos de los extremos es muy grande, como ya vimos a lo largo del libro. Pues allí donde no hay lugar para la disidencia ni la mirada crítica es precisamente donde se guarda el tesoro más preciado de nuestras sociedades hiperfragmentadas: la atención de la opinión pública.

¿Pero es acaso este ciclo histórico un certificado de defunción de aquellos que no se sienten identificados con miradas dogmáticas ni maniqueas? La respuesta es no, siempre y cuando las voces que quieran construir algo diferente comiencen a trabajar de manera rápida, articulada y eficiente en una alternativa a lo que existe.

Si eso sucede, aun siendo el camino largo y dificultoso, el «centro» podría convertirse en una opción política válida para ese enorme universo de la sociedad que hoy se siente huérfana de representación y carente de toda esperanza.

La cooperación puede hacerle frente al individualismo más feroz. Y en esa tarea, que es pedagógica, política y cultural, el «centro» podría ocupar un rol clave.

¿Cómo hacerlo?

Andrés Malamud nos da algunas pistas:

> Las hormigas cooperan en grandes números, pero de manera instintiva. Algunos primates cooperan de manera flexible, pero en pequeños grupos. Solo los seres humanos desarrollamos el milagro de la cooperación flexible de masas, entre millones de individuos que no se conocen personalmente. Para eso tuvimos que inventar artefactos como la escritura, el dinero, las religiones y, sí, la política. Sin ella no habría sociedad, porque el instinto no nos permite vivir separados ni nos alcanza para vivir juntos.
> La política es la organización de la vida colectiva. Ella canaliza el conflicto y la cooperación a través de instituciones, que almacenan la experiencia humana más allá de las vidas individuales. Las instituciones nos atan al pasado, pero sin ellas viviríamos en guerra: por eso, las necesitamos para tener futuro. Las mejores instituciones maximizan la sabiduría de lo que pasó con la libertad de lo que vendrá.

En su libro *Biografía del poder,* Alberto Lederman cita varias veces al filósofo Theodore Zeldin, quien durante décadas enfocó su trabajo en el poder del diálogo y el entendimiento entre las personas:

> No necesitamos una ideología sino experimentos. Fracasaremos muchas veces. No podemos garantizar resultados. Pero creo que la esperanza significa eso. En el pasado tuvimos prosperidad, comodidad, dinero, pero la prosperidad, en realidad, significa esperanza.

Y completa Lederman: «Significa crear la posibilidad de ponernos en un lugar distinto para poder hacer las cosas de otro modo. Para transformar un lugar en el que no se puede vivir en otro en el que se puede crecer».

Ese lugar, donde se puede crecer, donde se puede creer, donde hay más entendimiento que imposición, debería ser el punto de llegada de los centristas que buscan el bien común. Pero, antes que nada, definamos lo que no es el «centro», ya que el concepto trae aparejado una serie de malentendidos que vale la pena aclarar.

Qué no es el «centro»

Digamos que el «centro» no es —ni debe ser— la indiferencia política ni la tibieza como marca ideológica. Aquí no deberían apuntarse los paladines de la equidistancia y la moderación perpetua. Tampoco la indefinición como rasgo identitario o un refugio tranquilizador donde un pararrayos ideológico impide que entren los prejuicios y los conflictos.

No es tampoco un promedio entre los dos extremos ni una síntesis virtuosa que extraiga solo lo bueno de cada «ismo». Ergo: ser de «centro» no es estar en el medio de dos posiciones, es más bien encontrar una identidad propia, articular un lenguaje común y ofrecer una narrativa de futuro, que busque sus propios afectos políticos y empuje su propio horizonte de posibilidades.

Aunque suena a oxímoron, el centro no necesariamente está en el centro. Y no pasa solo con los mapas ideológicos. Si pensamos en los centros de las grandes ciudades del mundo, no necesariamente coinciden con el centro geográfico. No hay una simetría entre la ubicación exacta y el nombre que la define. En la política pasa lo mismo. Nadie —o casi nadie— se reivindica de centro, ni pretendemos que eso suceda, como sí lo hacen con la izquierda o la derecha.

El reto, entonces, pasa por organizar esa masa crítica amorfa y dispersa, hoy vacía de contenido, y lograr definir contra quién pelear y antagonizar. En definitiva, transformar esa sala de espera perpetua en un nuevo edificio semántico que saque al «centro» de la insignificancia.

Ahora sí: ¿qué podría ser el centro? ¿qué debería ser?

El centro debería concebirse como un animal bicéfalo que conjugue la sensibilidad por lo social y la vocación de poder. Eso implica que hay momentos donde se jugará más con el pie derecho y otras con el izquierdo. El problema no radica en qué pie uso más, sino en cuánto tiempo me mantengo equidistante de los dos polos y qué logró durante ese lapso. Se trata de un juego entre el cálculo y la audacia. En otras palabras: el centro es la búsqueda de soluciones, no es el argumentario perfecto plagado de racionalidad y carente de entusiasmo. Se puede —se debe— ser «emocionalmente de centro».

Se trata, además, de procurar acuerdos para salir del pozo, para resolver problemas endémicos, invitando a toda la sociedad a formar parte de un nuevo tiempo donde los valores de «lo común», «el progreso», «la libertad», «el bienestar», etcétera sean abrazados por una mayoría social, independientemente de su pertenencia partidaria o simpatía política.

Es la convocatoria a una transversalidad ideológica que invite más a tender la mano que a cavar trincheras. Se puede ser liberal, conservador, socialdemócrata, independiente y muchas más cosas y al mismo tiempo aspirar al centrismo como forma de conducción y ejecución política. Es, en definitiva, la utopía de construir un pragmatismo virtuoso dejando de lado la tentación de los extremos y animarse a sintetizar posturas y arribar a consensos básicos. Es el lugar donde se administran los conflictos, donde se debería gestionar lo público. Donde se amasan los problemas, se fermentan las diferencias y se cocinan los acuerdos. Un espacio donde se puedan sostener tensiones sin que eso implique quebraduras.

Pero quizás, como señala el filósofo alemán Markus Gabriel, haya que ir un poco más allá y hablar de un poscentrismo. Dice Gabriel:

> Lo que hace falta es un concepto positivo que capte la línea entre los polos de la polarización, algo que esté entre y más allá de la izquierda y de la derecha. Aún no lo tenemos. Necesitamos una política del «entre» y para eso no tenemos conceptos. Sabemos que es un «entre», ya no es un centro. Todos los centrismos están siendo deconstruidos por las buenas razones. No hay centro. Tampoco periferia. Pero ¿qué hay? El gran desafío de la filosofía para los próximos decenios sería un concepto positivo del «entre».

Al mismo tiempo, el propio Gabriel da forma un nuevo concepto llamado «nuevo realismo», con el que se propone «producir una nueva visión del bien, algo que nos una más allá del compromiso progresista contra la extrema derecha. La unión en la lucha contra los locos no es suficiente. Necesitamos un retorno a la realidad y el Nuevo Realismo es un discurso sobre los hechos. La existencia de más de dos géneros no es una construcción social, es un hecho. El cambio climático también. El Nuevo Realismo cambia la visión: ya no se trata de lucha de clases, de géneros o de intereses, sino de la cooperación de la humanidad frente a la realidad».

¿Hay lugar para ilusionarse?

Si la discusión pública sigue dominada por la hipertensión y la rabia partidista, el resultado no será otro que el fango. Hoy es difícil imaginar una salida, pero existe. Francesc Miralles resume a la perfección el espíritu del último libro de Byung-Chul Han, *El espíritu de la esperanza:*

> Lo que mata la esperanza, según Byung-Chul Han, no es la desesperanza; bien al contrario, esta última es su punto de partida, el inicio del viaje. Tal como lo expone en el preludio del ensayo, lo contrario a la esperanza es el miedo. En sus propias palabras: «Pasamos de una crisis a la siguiente, de una catástrofe a la siguiente, de un problema al siguiente. De tantos problemas por resolver y de tantas crisis por gestionar, la vida se ha reducido a una supervivencia». Para el coreano, vivir en esa mera supervivencia nos ancla a la depresión y al miedo. Este último nos cierra puertas y nos roba la libertad, ya que imposibilita que nos pongamos en marcha. Alguien con miedo al futuro será incapaz de organizar y crear su propio futuro.
> Como señala Byung-Chul Han, en alemán la palabra miedo —Angst— procede, al igual que en latín, del término

angostura. Es decir, cuanto mayor es nuestro temor, más angosta será nuestra área de acción. Por eso quien se angustia se siente, de un modo u otro, acorralado.

El antídoto es la esperanza ya que, en sus propias palabras, «va dejando indicadores y señalizadores de cambios. La esperanza es la única que nos hace poner en marcha. Nos brinda sentido y orientación. [...] Y las acciones necesitan un horizonte de sentido».

En la escalera de las emociones, el próximo peldaño al enojo es la frustración, que está muy cerquita de la resignación. Y desde allí ya todo es demasiado cuesta arriba. Habrá que volver a romper el vidrio con el martillo rojo, porque estamos en emergencia democrática. La crueldad no puede ser la última estación.

Las voces que dieron forma a este libro

A lo largo del camino que llevó a la escritura de este libro, hubo conversaciones —largas, breves, intensas— que dejaron marcas. Algunas encendieron ideas, otras las pusieron en duda. Todas, de un modo u otro, fueron esenciales. Están recogidas en el siguiente código QR. Leerlas es, también, una forma de leer este libro desde otra voz.

Agradecimientos

A Ignacio Peyró, Sol Montero, Rodrigo Amírola, Gonzalo Sarasqueta, Natalia Aruguete, Eduardo Bayón, Ismael Crespo, Pablo Avelluto, Andrés Malamud, Santiago Castelo, Xavier Peytibi, Jaime Bellolio Avaria, Mireia Castelló, Ximena Jara, Antonio García Maldonado, Iván Redondo y Verónica Fumanal. A todos ellos, por su generosidad para compartir sus conocimientos e ideas.

Bibliografía

1. Sin relato no hay paraíso

Un reloj de arena arriba de una montaña rusa

Ahmed, S. (2014). *The Cultural Politics of Emotion*. Edinburgh University Press.

Bauman, Z. (2022). *Modernidad líquida*. Fondo de Cultura Económica.

Berardi, F. (2020). *Crónica de la psicodeflación. Sopa de Wuhan* (p. 38).

Butler, J. (2017). *Marcos de guerra: las vidas lloradas*. Paidós.

Deleuze, G. y Guattari, F. (1985) *El Anti Edipo: Capitalismo y Esquizofrenia*. Paidós.

Hari, J. (2023). *El valor de la atención*. Península.

Klein, E. (2021). *Por qué estamos polarizados*. Capitán Swing.

Lakoff, G. (2004). *No pienses en un elefante: Lenguaje y debate político*. Península.

Nussbaum, M. (2018). *La ira y el perdón: Resentimiento, Generosidad, Justicia*. Fondo de Cultura Económica.

Rosa, H. (2016). *Alienación y Aceleración: Hacia una teoría crítica de la temporalidad en la modernidad*. Katz.

Ideas, claves y mitos sobre las narraciones políticas

Barthes, R. (1977). *Introducción al análisis estructural de los relatos*. Tiempo Contemporáneo.

Gergen, K. (1996). *Realidades y relaciones: aproximaciones a la construcción social*. Paidós.

Orwell, G. (2017). *El poder y la palabra. 10 ensayos sobre lenguaje, política y verdad*. Debate.

Riorda, M. (2016). *Cambiando. El eterno comienzo de la Argentina*. Planeta.

Salmon, C. (2008). *Storytelling. La máquina de fabricar historias y formatear las mentes*. Península.

Sartorius, N. (2018). *La manipulación del lenguaje*. Espasa.

Thompson, M. (2017). *Sin palabras*. Debate.

El discurso político hoy: gritos, promesas y emociones

Han, B. (2023). *La crisis de la narración*. Herder.

Da Empoli, G. (2023). *El mago del Kremlin*. Seix Barral.

Dubet, F. (2020). *La época de las pasiones tristes*. Siglo XXI.

Klein, E. (2021). *Por qué estamos polarizados*. Capitan Swing.

Vilarroya, O. (2019). *Somos lo que nos contamos*. Ariel.

Orwell, G. (2017). *El poder y la palabra. 10 ensayos sobre lenguaje, política y verdad*. Debate.

La era de la crueldad

Mishra, P. (2017) *La edad de la ira. Una historia del presente*. Galaxia Gutenberg.

Salmon, C. (2019). *La era del enfrentamiento*. Paidós.

Desunidos y polarizados: redes sociales, burbujas ideológicas y sesgos de confirmación

Davies, W. (2019). *Estados nerviosos: Cómo las emociones se han adueñado de la sociedad*. Sexto Piso.

Debord, G. (2005). *La sociedad del espectáculo*. Pre-Textos.

Habermas, J. (1981). *Historia y crítica de la opinión pública*. GG.

Habermas, J. (1991). *The Theory of Communicative Action: Reason and the Rationalization of Society*. Polity.

Haidt, J. (2019). *La mente de los justos: Por qué la política y la religión dividen a la gente sensata*. Deusto.

Han, B. (2014). *La Sociedad del Cansancio*. Herder.

Kahneman, D. (2013). *Pensar rápido, pensar despacio*. Debolsillo.

Mason, L. (2018). *Uncivil Agreement: How Politics Became Our Identity*. The University of Chicago Press.

Postman, N. (2005). *Amusing Ourselves to Death: Public Discourse in the Age of Show Business*. Penguin Boks.

Schmitt, C. (2014). *El concepto de lo político: Texto de 1932 con un prólogo y tres corolarios*. Alianza.

Sunstein, C. (2017). *#Republic: Divided Democracy in the Age of Social Media*. Princeton University Press.

Torcal, M. (2023). *De votantes a hooligans*. Los Libros de la Catarata.

Turkle, S. (2017). *En defensa de la conversación: El poder de la conversación en la era digital*. Ático de los libros.

Van Dijck, J. (2019). *La cultura de la conectividad: Una historia crítica de las redes sociales*. Siglo XXI.

2. La insoportable levedad del lenguaje político

Anatomía de un sentimiento: ¿de qué están hechos los discursos políticos que amamos u odiamos?

Arendt, H. (2022). *La mentira en política*. Alianza.

Broch, H. (1943). «Espirit et espirit du temps». En La Grandeur inconnue, Gallimard, col. «Du monde entier», 1968.

Frankfurt, H. (2013). *Sobre la charlatanería y sobre la verdad*. Paidós.

Vilarroya, O. (2019). *Somos lo que nos contamos*. Ariel.

Gutierrez-Rubí, A. (2023). *Gestionar las emociones políticas*. Gedisa.

Michalsen, B. B. (2022). *Cómo la puntuación cambió la historia*. Godot.

Scavino, D. (2012). *Rebeldes y confabulados. Narraciones de la política argentina*. Eterna cadencia.

Trump, D. & Schwartz, T. (1988). *El arte de la negociación*. Grijalbo.

Orwell, G. (2017). *El poder y la palabra. 10 ensayos sobre lenguaje, política y verdad*. Debate.

De la crisis a las crisis

Bartomeus, O. (2018, 17 de octubre). *Fast voters, fast politics: individualismo, inmediatez y yogures*. Beers&Politics. Recuperado de https://beersand-politics.com/fast-voters-fast-politics-individualismo-immediatez-y-yogures/

Bustinduy, P. y Lago, J. (2024), Política y ficción. Península.

Chul-Han, B. (2023). *La crisis de la narración*. Herder.

Chul-Han, B. (2023). *La vida contemplativa: elogio de la actividad*. Herder

Gurri, M. (2023). *La rebelión del público. La crisis de autoridad en el nuevo milenio*. Interferencias, Madrid.

Lipovetsky, G. (2007). *Los tiempos hipermodernos*. Anagrama.

Russell, B. (1986). Elogio de la ociosidad. Edhasa.

Weber, M. (1922). *Economía y sociedad*. Fondo de Cultura Económica.

Framing: resignificación y apropiación del lenguaje

Augé, M. (2010). *Los no lugares. Espacios del anonimato. Antropología de la Sobremodernidad*. Gedisa.

Barthes, R. (2022). *Mitologías*. Siglo XXI.

Bauman, Z. (2000). *Modernidad líquida*. Fondo de Cultura Económica.

Bergson, H. (2013) *La perception du changement, Conférences faites à l'Université d'Oxford les 26 et 27 mai 1911* en BERGSON (Henri), *La pensée et le mouvement*. Paris: PUF.

De la Torre, C. (2013). El populismo latinoamericano: entre la democratización y el autoritarismo. Nueva Sociedad n.° 247, pp. 120-137. Disponible en http://nuso.org/articulo/el-populismo-latinoamericano-entre-la-democratizacion-y-el-autoritarismo/

Entman, R. (1993) *Framing: Toward Clarification of a Fractured Paradigm*. Journal of Communication 43 (4).

Exposto, E. (2018). El problema de la subjetividad política en la filosofía de León Rozitchner. *Páginas de Filosofía*, 19, 77-99. Universidad Nacional del Comahue. http://nuso.org/articulo/el-populismo-latinoamericano-entre-la-democratizacion-y-el-autoritarismo/

Goethe, J. (2018). *Fausto*. Austral.

Han, B. (2014). *Psicopolítica: Neoliberalismo y las nuevas técnicas de poder*. Herder.

Kirchner, N. (2003, mayo 25). *Discurso del señor presidente de la Nación, doctor Néstor Kirchner, ante la honorable Asamblea Legislativa*. Casa Rosada. https://www.casarosada.gob.ar/informacion/archivo/24414-blank-18980869

Laclau, Ernesto. (1996) *Emancipación y diferencia*. Ariel.

Laclau, E., & Mouffe, C. (2015). Hegemonía y estrategia socialista. Siglo XXI.

Lakoff, G. (2004). *No pienses en un elefante: Lenguaje y debate político*. Península.

Lakoff, G. & Johnson, M. (2018). *Metáforas de la vida cotidiana*. Cátedra.

Luntz, F. (2011). *La palabra es poder*. La esfera de los libros.

Murillo, M. V., & Oliveros, V. (2024). *Argentina 2023: La irrupción de Javier Milei en la política argentina*. Revista de Ciencia Política. Recuperado de https://mariavictoriamurillo.com/wp-content/uploads/2024/09/la-irrupcion-de-milei-en-la-politica-argentina-rcp.pdf

Nietzsche, F. (2008). *Fragmentos póstumos (1885-1889). Volumen IV*. Tecnos.

Peytibi, Xavier. (2012) *Análisis de eslóganes de fuerzas políticas en 31 países*.

Reese, S., Gandy, O. & Grant, A. (2001). *Framing public life: perspectives on media and our understanding of the social world*. Lawrence Erlbaum Associates.

Stefanoni, P. (2023). *¿La rebeldía se volvió de derechas?*. Siglo xxi.

Watzlawick, P., Weakland, J. & Fisch, R. (2003). *Cambio*. Herder.

Weber, M. (2014). *Economía y sociedad*. Fondo de Cultura Económica.

Wittgenstein, L. (2012). *Tractatus logico-philosophicus*. Alianza.

3. La literatura como materia prima de las narrativas políticas

La ficción como aliada de las narraciones políticas

Bustinduy, P. y Lago, J. (2024). *Política y ficción*. Península.

Da empoli, G. (2024). *El mago del Kremlin*. Seix Barral.

Scavino, D. (2012). *Rebeldes y confabulados. Narraciones de la política argentina*. Eterna cadencia.

Lo personal es político: el recurso biográfico en el discurso político

Sarlo, B. (2012). *Tiempo Pasado. Cultura de la memoria y giro subjetivo. Una discusión*. Siglo XXI.

Castelo Heymann, S. (2023). *La biografía en comunicación política. Claves para analizar y diseñar una estrategia biográfica*. UOC.

Castelo Heymann, S. (2021). *El curriculum vitae en la campaña argentina de 2015: Un análisis de los relatos sobre la trayectoria educativa y profesional de Macri y Scioli*. Comunicación Austral, 10(1), 39-59. https://doi.org/10.26422/aucom.2021.1001.cas

Hanisch, C. (n.d.). Lo personal es político. Disponible en https://www.carolhanisch.org/CHwritings/PIP.html

La psicología del poder

Lederman, A. (2022). *Biografía del poder*. Sudamericana.

4. El mapa del nuevo relato político

El pragmatismo de los duros

Da Empoli, G. (2020). *Los ingenieros del caos*. Anaya Multimedia.

Delle Donne, F. (2022, octubre 13). ¿Peor que el fascismo?. Revista Anfibia. https://www.revistaanfibia.com/giorgia-meloni-derecha-radical-italia-peor-que-el-fascismo/

Maquiavelo, N. (2019). *El príncipe*. Alma.

Peirce, C. S. (2014). *How to Make Our Ideas Clear*. The Perfect Library.

Sarlo, B. (2011): *La Audacia y el Cálculo*. Sudamericana.

El pragmatismo de los progres

Eribon, D. (2024). *Regreso a Reims*. Taurus.

La indeterminación de los moderados y la tentación ultra

Da Empoli, G. (2020). *Los ingenieros del caos*. Anaya Multimedia.

Guilluy, C. (2024). *Los desposeídos: La supervivencia de los populares en la era de la globalización*. Katz.

Vommaro, G. (2014), «Meterse en política»: la construcción de PRO y la renovación de la centroderecha argentina. Nueva Sociedad. https://nuso.org/articulo/meterse-en-politica-la-construccion-de-pro-y-la-renovacion-de-la-centroderecha-argentina/

5. Ideas para salir del laberinto

Qué liderazgos para qué narraciones

Garcés, M. (2017). *Nueva ilustración radical*. Anagrama

Heimans, J. y Timms, H. (2019). *New Power. How Anyone Can Persuade, Mobilize and Succeed in Our Chaotic, Connected Age*. Anchor.

Naím, Moisés. (2013). *El fin del poder. Empresas que se hunden, militares derrotados, papas que renuncian, y gobiernos impotentes. Cómo el poder ya no es lo que era*. Debate.

¿Tiene «el centro» la llave para salir del laberinto?

Malamud, A. (2018). *El oficio más antiguo del mundo*. Clave Intelectual.

Lederman, A. (2023). *Biografía del poder*. Sudamericana.